KB200713

아이덴티티 : 예수 안에 있는 자

아이덴티티 : 예수 안에 있는 자

이찬수

규장

프롤로그

하늘의
비밀을
아는 자

PART 3

IDENTITY

잃어버린 정체성을 찾아서

《잃어버린 얼굴을 찾아서》라는 책이 있다. 아동문학 발전에 기여한 작가에게 주는 '뉴베리상'을 수상한 루이스 새커가 쓴 성장소설인데, 주인공인 어린 데이비드가 겪는 성장통과 갈등을 다루고 있다. 데이비드는 인기 있는 아이들 무리에 끼고 싶어 내키지 않는 못된 장난에 가담한다. 동네 할머니에게 골탕을 먹이고 지팡이를 훔치는 일이었다.

데이비드는 도둑질이 옳지 않다는 것은 알고 있었지만 친구들과 공감대를 형성하기 위해서는 어쩔 수 없다고 생각하고 그 일을 저지른다. 그 상황에서 혼자 빠져나간다면 놀림감이 될 게 뻔하다는 생각과 함께.

그러나 불행하게도 데이비드는 지팡이 훔치는 일을 함께했지만 결국 그 무리에 끼지 못했다.

이 어린아이가 겪는 갈등을 보면서 '이것이 이 시대를 살아가는 크리스천들이 겪는 갈등의 축소판'이란 생각을 했다.

이런 내면의 갈등은 성경의 인물에게도 나타나는데, 모세가 바로 그랬다. 어릴 때부터 이집트 공주의 아들로 왕궁에서 자랐지만 그는 '정체성'과 관련한 갈등을 겪는다. 비록 몸은 이집트 왕궁을 거닐고 있지만 자신은 이집트 사람이 아님을 잘 알았기 때문이다. 결국 모세는 정체성과 관련한 갈등을 이겨내는데, 그 부분을 히브리서 11장에서 이렇게 소개한다.

> 믿음으로 모세는, 어른이 되었을 때에, 바로 왕의 공주의 아들이라 불리기를 거절하였습니다. 오히려 그는 잠시 죄의 향락을 누리는 것보다 하나님의 백성과 함께 학대받는 길을 택하였습니다 히 11:24,25, 새번역

갈등 끝에 정확한 자기 정체성을 깨닫고 올바른 길을 선택했던 모세가 훗날 자기 민족을 위하여 얼마나 큰 역할을 감당했는지는 다 알 것이다.

지금 이 세상은 혼미하다. 정치는 말할 것도 없고, 무엇이 옳고

그른지, 이 땅에서 일어나고 있는 모든 것이 다 혼란스럽다. 믿는 자로서 이런 혼미한 상황을 어떻게 판단하고 행동해야 할지 갈팡질팡하는 현실이다.

믿는 우리가 현실 속에서 이렇게 혼란스러워하는 것은 그만큼 그동안 세상의 잘못된 가치관과 정체성에 노출되어 있었다는 가슴 아픈 증거이기도 하다.

그렇기에 우리는 지금이라도 성경이 말하는 그리스도인의 '자기 정체성'이 무엇인지 정확히 배워야 한다. '예수 그리스도 안에서 택함 받고 성령으로 인 치심을 받았다'는 성경적인 '자기 정체성'을 제대로 인식해야 한다.

한 번 깨닫고 마는 정도가 아니라 예수 그리스도 안에서 하나님께서 깨우쳐주기 원하시는 '자기 정체성'이 무엇인지 끊임없이 갈구하며 찾아야 한다. 그래야 이 혼미한 세상에서도 흔들림 없는 '중심'을 가지고 살아갈 수 있다.

이런 의미에서 에베소서 1장을 살펴보는 것은 매우 중요하다. 에베소서는 누구보다 자기 정체성이 분명했던 그리스도 예수의 사도된 바울이, 하나님께서 우리를 창세전에 부르셔서 하나님의 자녀 삼으셨을 뿐 아니라 하나님의 자녀에게 얼마나 놀라운 특권과 축복을 부어주셨는지에 대한 감격으로 가득하여 쓴 편지이기 때문이

다. 이 책을 통해 예수 안에 있는 자로서 그 정체성이 잘 정립될 수
있기를 기도한다.

늘 그렇지만 새 책이 나오는 시점에서 고마운 분들이 많이 떠오
른다.

설교를 준비할 때마다 여러 학자들의 주석과 책의 도움을 많이
받는다. 이번에도 고려신학대학원의 길성남 교수가 쓴 《에베소서
어떻게 읽을 것인가》를 비롯한 여러 책들을 참고하며 도움을 받았
다. 부족한 설교를 경청하는 수많은 성도들의 응원도 얼마나 큰 힘
이 되는지 모른다.

93세의 연세에도 새벽마다 아들의 목회를 위해 눈물로 기도하시
는 어머니도 감사제목에서 빠뜨릴 수 없다.

책이 나올 때마다 열정적으로 수고하는 규장의 여러 식구들과 여
진구 대표에게도 감사의 마음을 전한다.

이찬수 목사

오직 은혜로, 창세전에 나를 택하셨다. 아무 이유 없이 거절당하고

가슴 찢어지는 상처를 당하는 것이 세상이라면, 아무 이유 없이 싸

매어주시고 선택해주시는 은혜가 하나님의 사랑이다.

PART 1

하나님이
부르신 자

IDENTITY

에베소서 1장 1,2절

하나님의 뜻으로 말미암아 그리스도 예수의 사도 된 바울은 에베소에 있는 성
도들과 그리스도 예수 안에 있는 신실한 자들에게 편지하노니 하나님 우리 아
버지와 주 예수 그리스도로부터 은혜와 평강이 너희에게 있을지어다

하나님 사람의 신분의식

사도 된 바울이 쓴 편지

에베소서는 사도 바울이 감옥 안에 갇혔을 때 에베소교회 성도들에게 보낸 옥중서신으로, 발신인을 먼저 소개하고 뒤이어 수신인을 피력하는 당시 전형적인 편지글 형식을 따르고 있다. 먼저 발신인 부분을 살펴보자.

바울은 자신을 이렇게 소개한다.

> 하나님의 뜻으로 말미암아 그리스도 예수의 사도 된 바울은… 엡 1:1

여기서 중요한 것은 바울이 자신을 사도 직분을 가지고 있는 자로 소개하는 것인데, 그는 왜 사도 직분을 가지고 있다는 것을 강조했을까? 이 부분을 가지고 묵상하는데, 어느 새벽에 머리를 스치는 생각이 있었다.

바울은 지금 감옥에 있다. 감옥이란 곳이 얼마나 열악한 곳인가? 스스로에 대해 말할 수 없이 초라하게 여기기 쉬운 곳이 감옥 아닌가? 더군다나 자기가 실수하거나 잘못해서 간 것이 아니라 그저 복음을 전했다는 이유만으로 감옥에 갇혔으니, 자칫 잘못하면 '충성스럽게 하나님의 말씀을 전했는데 하나님은 어째서 나를 이런 고통으로 몰고 가시나' 하며 하나님을 원망하고 시험에 빠질 수 있는 상황이다.

이런 위기에 놓인 바울이지만 본문에서 보이는 그는 낙심하기 쉬운 마음 상태를 극복했을 뿐만 아니라, 오히려 감옥 바깥에 있는 에베소교회 성도들을 염려하며 편지를 쓰는 여유와 담대함을 보여주고 있다. 이런 것들을 감안하여 생각해보니, 바울이 자신을 '사도의 직분을 가진 존재'로 소개하는 것에는 두 가지 의미가 담겨 있었다.

자기 자신에 대한 자긍심

첫째로, 이는 자기 자신에 대한 자긍심과 만족감이 내포되어 있는 표현이다.

'사도'는 문자적으로 '보냄을 받은 자'라는 뜻을 가지고 있다. 자기가 비록 감옥에 갇혀 있지만 그것은 사도의 직분을 행하다가 그렇게 된 것이니 자신의 모습이 전혀 부끄럽지 않다는 것이다. 즉, 자신을 사도로 소개하는 데는 자기 자신에 대한 자긍심과 만족감이 담겨 있다.

이 땅을 사는 사람이라면 누구나 바울처럼 자기 스스로에 대해 자긍심을 갖기 원하지만 이는 생각보다 어려운 일이다. 이런 면에서 나는 바울이 부럽다. 부러운 마음에 나도 바울처럼 자긍심을 갖게 해달라는 기도를 드리곤 한다.

이런 측면으로 본문 1절을 유심히 살펴보면 바울이 스스로에 대해 자긍심을 갖게 된 이유를 짐작하게 하는 단어 하나를 발견하게 된다. 바로 '하나님의 뜻'이란 단어이다.

> 하나님의 뜻으로 말미암아 그리스도 예수의 사도 된 바울은… 엡 1:1

나는 여기에서 중요한 원리를 깨닫는다. 자기 자신에 대해 긍지를 가진 인생이 되기 위해서는 창조주 되시는 하나님께서 뜻하시는 창조 질서에 순종하는 삶을 사는 것이 중요하다는 것이다.

감옥에 갇혀 있는 바울이 이토록 스스로에 대해 자긍심과 자신감을 가질 수 있었던 것은 하나님의 뜻을 인정하고 순응했기 때문이다. 자신이 '사도'란 직분을 갖게 된 것도 '하나님의 뜻'에 순종한 결과요, 지금 감옥에 갇혀 있는 상황조차도 '하나님의 뜻'을 따르다 생겨난 일이니 그 뜻을 신뢰하는 그로서는 마음에 갈등이 전혀 없더라는 것이다. 정말 중요한 포인트이다.

그저 자기가 하고 싶은 일을 저질러놓고 '하나님의 뜻으로 이렇게 되었다'는 식의 자기변명이 아니라, 무엇이 진정 하나님의 뜻인지 깊이 고민하고 생각해봐야 한다. 그리고 그 뜻을 구현하기 위해 몸부림쳐야 한다. 그것이 바울처럼 자긍심 넘치는 인생을 살아갈 수 있는 유일한 길이다.

사명 의식이 담긴 표현

둘째로, 바울이 자신을 '사도의 직분을 가진 존재'로 소개하는 데는 그가 가진 '사명 의식'이 담겨 있다.

그는 지금 열악한 감옥에 갇혀 있으면서 오히려 감옥 바깥에 있는 성도들을 염려하며 편지를 쓰고 있다. 이것이 어떻게 가능했을까? 스스로를 '사명을 가진 존재'로 인식했기 때문이다. 감옥 안이라고 해서 예외가 아니었다. 바울의 이런 사명 의식이 참 도전이 된다.

코카콜라 회장이 이런 말을 했다고 한다.

"내 혈관 속에는 피가 아니라 코카콜라가 흐르고 있다."

자기가 하고 있는 일에 대한 사명감과 그 일에 대한 무서운 집중력을 상징적으로 표현한 말이 아니겠는가? 한 기업 총수의 이런 사명감과 집중력이 코카콜라를 전 세계에 전파하는 놀라운 결과를 가져왔다.

사실 나는 코카콜라 회장이 했다는 이 말을 들으면서 마음에 부끄러움을 느낀다. 말씀을 전하는 목회자인 나에게는 저 정도의 확신에 찬 '자기 선포'가 있는가 하는 생각이 들었기 때문이다.

이런 면에서 나는 감옥에 갇혀서도 '사도'라고 하는 자기 존재감을 강조하는 바울이 귀하게 느껴진다. 이런 바울이었기에 대적자들이 그의 몸은 감옥에 가둘 수 있었는지 모르지만, 그의 가슴속에서 불타오르는 사도로서의 사명 의식과 성도들을 향한 뜨거운 사랑은 어떻게 할 수 없었다. 나는 이 점이 참 부럽다.

직업이 아닌 사명으로

우리 교회에서는 가능하다면 일 년에 한 교회씩 분립개척을 하기를 소원하고, 몇 해 동안 진행해오고 있다. 함께 동역하는 부목사 중에서 한 사람을 선정하여 분립개척교회 담임목사로 세우는데, 그 과정에서 분립개척을 준비하는 목회자에게 묻곤 하는 질문이 있다.

"지금 개척을 준비하는 그 지역 성도들이 목회자인 당신을 필요로 하는 것입니까? 아니면 신학교를 졸업하고 목사가 된 당신이 그 지역 성도들을 필요로 하는 것입니까?"

이렇게 질문하면 당황스러워할 것을 알면서도 종종 이 질문을 던지곤 한다. 이 질문에 대한 확신이 없는 상태로 개척하면 안 된다고 생각하기 때문이다. 뿐만 아니라 평소 교역자 회의 때도 이것을 자주 강조한다. 신학교를 졸업한 우리 목회자들 밥벌이(?)를 위해 교회나 성도가 존재하는 게 아니라고 말이다.

또 분립개척을 준비하는 후배 교역자에게 신신당부하는 것이 한

가지 더 있다.

"성도들이 분립개척 되는 교회로 많이 옮겨 가시도록 최선을 다해 광고하고 독려하겠다. 그리고 최대한 모든 것을 배려하고 후원해 줄 것이다. 그러니 나도 한 가지 부탁하자. 그 교회로 옮겨 간 성도들이 담임목사인 당신의 섬김으로 행복해질 수 있도록 최선을 다해 주기 바란다. 내가 당신에게 바라는 것은 딱 이것 한 가지뿐이다."

몇 년 전에 우리 교회에서 함께 사역하던 후배 목회자가 다른 교회의 청빙을 받아 담임목사로 부임해 간 적이 있다. 그 과정에서 그 후배 목회자와 깊은 대화를 나누었다. 그때 그 후배 목회자는 이런 저런 상황과 함께 지금 자신을 청빙하는 교회 장로님들이 이제 젊고 유능한 담임목사가 부임하면 교회에 큰 부흥이 일어나리라는 기대감을 가지고 여러 가지 계획을 세우고 있다는 내용들을 전하면서, 허락해주시면 그 교회에 부임해서 섬기고 싶다고 했다. 그러면서 하는 말이 지금 우리 교회에서 맡은 일들이 많기에 지금 말고 연말까지 교회를 지키다가 내년 초에 담임목사로 부임해 가겠다는 것이다. 정말 고마운 제안이었다.

나는 그 말을 듣고 두 가지를 이야기했다. 첫 번째는 만약 그 교회로 가는 것이 하나님의 뜻이라면 연말까지 기다리지 말고 지금 바로 가는 것이 좋겠다는 것이었다. 그 교회는 지금 새로운 담임목사가 오기만을 간절히 기다리고 있는데 연말까지 기다리게 해서는 안 되니 편안한 마음으로 당장 부임해 가라고 했다.

그러면서 했던 두 번째 이야기가 있다. 며칠 휴가를 줄 테니 기도원에 들어가서 한 가지 응답을 받아오라는 것이었다.

"부임해 갈 교회에 대한 가슴 벅찬 꿈과 비전을 갖는 것은 좋은 일이다. 그 교회의 부흥과 성장을 위해 기도하며 은혜를 구해야 한다. 그러나 한 가지 명심해야 할 것이 있다. 당신이 은퇴할 때까지 그런 결과가 일어나지 않고 현재 출석하는 성도들의 숫자에서 단 한 명도 늘지 않는 일이 벌어지면 어떻게 하겠는가? 그렇더라도 지금 있는 성도들이 행복해하는 것만으로 만족하고 행복해할 수 있겠는가? 그들로 인해 '내 목회는 실패하지 않았다'라고 생각할 자신이 있는가? 하나님께 기도하면서 이 확신이 있는지에 대한 응답을 받아 오라."

며칠 뒤, 그 후배 목회자는 기도원으로 들어갔고, 내가 제시한 질문에 대한 답을 얻고자 뜨겁게 기도하며 응답을 구했다. 그렇게 기도를 시작하고 며칠 뒤에 그에게서 메일이 왔다.

"기도하는 과정에서 깜짝 놀랐습니다. 이 질문이 이렇게까지 심각하고 진지한 문제인지 미처 인식하지 못했습니다."

그는 그 문제를 가지고 집요하게 기도했고, 그러다가 응답을 받았다고 했다.

"목회자로서 큰 부흥이 일어났으면 좋겠지만, 그리 아니하실지라도 현재 출석하고 있는 성도들의 영혼을 섬기는 것만으로도 나는 기뻐할 수 있습니다!"

이렇게 고백할 수 있는 확답을 받았다는 것이다. 그래서 그 목사님을 바로 보내드렸다.

이 문제가 왜 그렇게 중요한가?

야망이 아닌 사명으로

오래전에 들은 이야기이다. 어느 교회의 담임목사님이 어떤 사업을 추진하는 과정에서 큰 재정이 필요했던 것 같다. 그 교회에 꽤 부자로 알려진 권사님이 있었는데, 그 권사님과 가까운 지인 성도가 그 사업을 위해 헌금하기를 권했다고 한다. 그러자 그 권유를 받은 권사님이 그 제안을 거절하며 던진 한 마디가 충격적이었다.

"저는 헌금 안 합니다. 왜 내가 그 젊은 목사의 야망을 위해 동원되어야 합니까?"

나는 그 이야기를 잊을 수가 없다. 이게 정말 실제로 있었던 이야기인지 의심이 갈 정도로 충격을 받았다.

이런 불신은 어디서 기인하는 것인가? 이런 비참한 불신의 상황을 타개하기 위해서는 나를 비롯한 이 땅의 목회자들이 각성해야 한다. 사도 바울처럼 오직 '하나님의 뜻'에 따라 움직이는 종의 태도와 사명자로서의 신분의식을 회복해야 한다. 뿐만 아니라 사도로서 바울이 보여주었던 성도들을 향한 그 뜨거운 사랑을 회복해야 한다. 감옥에 갇혀 있으면서도 자기 한 몸 어떻게 지내는지는 안중에 없고, 온통 밖에 있는 성도들에게 뜨거운 사랑과 관심이 쏠려 있는 그 불타는 마음이 지도자들에게 회복되어야 한다.

이런 마음으로 1절 말씀을 묵상하면서 나는 눈물로 하나님께 기도했다.

"하나님, 우리 교회의 모든 교역자들에게, 모든 소그룹 리더들에게, 이 교회에서 지도력을 발휘하고 영향력을 미치는 모든 평신도 지도자들에게 이 바울의 심정을 허락해주시기를 원합니다. 뿐만 아니라 한국교회의 모든 목회자들에게 바울의 심정이 부어지기를 원합니다."

한 영혼에 대한 가슴 터질 것 같은 감격, 한 영혼을 향한 뜨거운 사랑이 지도자에게서 흘러나와야 한다. 그렇게 야망이 아닌 사명으로 성도들 앞에 설 수 있어야 한다. 그럴 때 '내가 왜 목사의 야망을 위해 돈을 써야 해?'라는 무서운 불신이 사라지게 될 것이다.

모든 초점은 사명 감당

여기서 한 가지 짚고 넘어가고 싶은 것이 있다. '바울'이란 이름에 대한 오해이다. 많은 사람들이 바울의 원래 이름이 '사울'이었는데, 그가 다메섹 도상에서 은혜를 받고 이름을 '바울'로 바꿨다고 알고 있다. 어떤 목사님은 이것을 소재로 매우 은혜롭게 설교를 하기도 한다. 사울은 '큰 자'란 뜻이고, 바울은 '작은 자'라는 뜻인데, 그가 예수님을 만나기 전에는 교만하여 '사울'이란 이름을 썼고, 예수님을 만나 고꾸라진 후에는 지극히 겸손한 자가 되어 '바울'로 이름을 바꾸었다고 말이다. 하지만 이것은 사실이 아니다.

원래 바울은 날 때부터 '사울'이란 이름과 '바울'이란 이름을 다 가지고 있었다. '사울'은 유대식 이름이고, '바울'은 로마식 이름이다. 그리고 성경을 유심히 보면 바울이 다메섹 도상에서 예수님을 만나자마자 이름을 바꾼 것이 아니라, 그로부터 무려 13,4년이 흐른 사도행전 13장부터 '사울'에서 '바울'로 바뀌었다.

사도행전 13장에서 무슨 일이 있었기에 그때부터 이름이 바뀌었을까? 그때는 본격적으로 바울의 세계 선교가 시작되던 시점이다. 그러니까 세계 선교를 본격적으로 시작하면서 유대식 이름보다는 로마식 이름이 복음을 증거하는 데 유리했기 때문에 '바울'이란 이름을 쓰기 시작한 것이다. 즉, '사울'이란 이름을 사용하든 '바울'이란 이름을 사용하든 그의 모든 초점은 '사도로 부름 받은 사명'에 있었다.

우리는 은혜로 구원을 받은 그 순간부터 하나님의 부르심을 받은 사명자란 사실을 인식해야 한다. 그래서 감옥에 있거나 편안한 집에 있거나, 부유하게 살거나 가난하게 살거나 그 환경에 초점을 맞추는 것이 아니라, 어떤 상황에서라도 그 안에서 우리에게 주어진 사명이 있다는 데 초점이 맞추어져야 한다는 것이다.

코카콜라 회장의 혈관 속에는 피 대신 코카콜라가 흐른다고 했는데, 우리 예수 믿는 크리스천들의 혈관 속에는 복음을 향한, 하나님을 향한 거룩한 사명이 흐르길 바란다.

성도들과 신실한 자들에게 편지하노니

두 번째로 살펴볼 것은 수신자 부분이다. 자신을 '사도'로 소개한 바울은 편지를 받을 에베소교회 구성원들에 대해 두 가지 용어를 사용하여 표현한다. 1절 하반절이다.

에베소에 있는 성도들과 그리스도 예수 안에 있는 신실한 자들에게 편지하노니
엡 1:1

어떤 호칭과 용어가 사용되는가? 하나는 '성도'라는 호칭이고, 또 다른 하나는 '예수 안에 있는 신실한 자'라는 표현이다. 먼저 '성도'란 호칭을 살펴보자.

하나님이 부르신 거룩한 자

여기 나오는 '성도(聖徒)'란 말은 글자 그대로 '거룩한 무리들' 혹은 '거룩한 사람들'이란 뜻을 가지고 있다. 이 단어의 뿌리는 구약에서 찾을 수 있다. 출애굽기 19장을 보자.

세계가 다 내게 속하였나니 너희가 내 말을 잘 듣고 내 언약을 지키면 너희는 모든 민족 중에서 내 소유가 되겠고 너희가 내게 대하여 제사장 나라가 되며 거룩한 백성이 되리라 너는 이 말을 이스라엘 자손에게 전할지니라 출 19:5,6

레위기 11장 44절과 19장 2절에도 비슷한 말씀이 나온다.

나는 여호와 너희의 하나님이라 내가 거룩하니 너희도 몸을 구별하여 거룩하게
하고 땅에 기는 길짐승으로 말미암아 스스로 더럽히지 말라 레 11:44

너는 이스라엘 자손의 온 회중에게 말하여 이르라 너희는 거룩하라 이는 나 여호
와 너희 하나님이 거룩함이니라 레 19:2

이처럼 '성도'라는 단어는 구약의 출애굽기나 레위기 등에서 기원
한 단어인데, 알다시피 구약에서 하나님은 이스라엘 백성을 선택하
시고 그들과 특별한 관계를 맺으신다. 하나님은 그들을 보호하시
고 인도하시며 그들의 하나님이 되어주신다. 그리고 이스라엘 백성
은 하나님의 그 사랑에 감사함으로 순종하는 하나님의 백성이 되
는 것이다. 이것을 '언약적 관계'라고 하는데, 여기서 중요하게 짚고
넘어가야 할 것이 있다.

이렇게 이스라엘 백성이 하나님과 특별한 언약적 관계를 맺던 그
시점에, 그들은 거룩했는가? 그렇지 않다. 그들은 거룩하지 않았
다. 그들은 하나님께 선택받은 백성이었음에도 불구하고 여전히 거
룩과는 거리가 먼 사람들이었다. 그러니 하나님이 이스라엘 백성을
'거룩한 백성'이라고 불러주시는 것은 그들이 보여준 경건한 생활이
나 거룩한 행동 때문이 아니었다. 그들을 그렇게 불러주시는 것은

그들이 하나님과 특별한 관계로 맺어진, 관계적이고 위치적인 측면 때문이다.

이것은 신약에서도 마찬가지이다. 에베소서 1장 4절에 보면, "곧 창세전에 그리스도 안에서 우리를 택하사 우리로 사랑 안에서 그 앞에 거룩하고 흠이 없게 하시려고"라고 기록되어 있다. 지금 여기에서 바울이 사용하는 '거룩'이라는 표현도 선택된 '우리'의 특성이 아니라 하나님의 선택의 결과임을 밝히고 있다.

또 베드로전서 2장 9절에 보면, "그러나 너희는 택하신 족속이요 왕 같은 제사장들이요 거룩한 나라요 그의 소유가 된 백성이니 이는 너희를 어두운 데서 불러내어 그의 기이한 빛에 들어가게 하신 이의 아름다운 덕을 선포하게 하려 하심이라"라고 기록하고 있는데, 이 구절 역시 같은 맥락으로 이해할 수 있다.

예배 때 사용되는 마이크나 강대상 같은 물품들을 '성물(聖物)'이라고 한다. 그것은 그것들이 특별히 구별된 거룩한 재료로 만들어졌기 때문이 아니라, 예배를 돕는 일에 쓰임 받는 존재가 되었기 때문에 그렇게 부르는 것이다. 만약 그 마이크가 나이트클럽으로 팔려가서 불륜을 조장하고 쾌락을 즐기는 데 쓰이게 되었다면 그 마이크는 악한 마이크가 되는 것 아닌가?

마찬가지로 우리가 하나님으로부터 성도, 곧 거룩한 백성이 되었다고 인(印) 침을 받는 것은 우리의 행위가 남달리 깨끗하고 거룩해서가 아니라 하나님의 것으로 구별되어 하나님과 특별한 관계가 맺어졌기 때문이란 것이다. 이것이 '성도'라는 이름의 의미이다.

부르심에 신실함으로 반응하는 자

그런가 하면 두 번째로, 바울은 에베소교회 성도들을 향하여 '그리스도 예수 안에 있는 신실한 자들'이라고 부르고 있다.

이 두 표현의 균형과 순서가 중요하다. 앞의 '성도'라는 호칭이 그들의 거룩한 행위가 아니라 하나님이 그들을 선택하셨기 때문에 가능한 표현이라면, 뒤에 나오는 '신실한 자들'이란 표현은 그렇게 하나님의 주권으로 시작된 놀라운 변화에 우리가 어떻게 반응해야 하는지를 담고 있다.

제임스 몽고메리 보이스는 여기 나오는 '신실한 자들'이란 표현을 두 가지 의미로 해석했다. 첫째로 '믿음을 실천한다'라는 뜻을 가지고 있다고 한다.

> 복음에는 하나님의 의가 나타나서 믿음으로 믿음에 이르게 하나니 기록된 바 오직 의인은 믿음으로 말미암아 살리라 함과 같으니라 롬 1:17

여기서 "오직 의인은 믿음으로 말미암아 살리라"라는 말씀의 의미를 '신실함으로 산다'라는 뜻으로 해석할 수 있다. 그리고 그 앞에 "믿음으로 믿음에 이르게 하나니"라는 표현이 나오는데, 여기서 앞부분에 나오는 '믿음'은 하나님의 신실하심을 표현한 것이고, 뒷

부분에 나오는 '믿음'은 우리 인간의 신실함을 표현한 것으로 해석할 수 있다.

다시 말해, 자격 없는 나를 불러주시고 성도로 인 쳐주시는 하나님의 신실하심이 먼저이다. 그리고 그 선행하시는 하나님의 신실하심에 반응하여 나도 신실하게 하나님 앞에 은혜를 갚는 태도가 믿음인 것이다. 그래서 나는 믿음을 이렇게 정의하고 싶다.

"믿음은 자격 없는 나를 향한 선행하시는 하나님의 신실하심에 대하여 신실함으로 반응하는 나의 태도이다."

우리 교회에 '에듀투게더'라고 하는, 경제적으로 어려운 학생들에게 무료로 과외공부를 시켜주는 봉사 부서가 있다. 어느 연말엔가 그 아이들이 영어로 연극을 발표한다고 해서 가보았는데, 얼마나 멋지게 잘해냈는지 정말 기특하고 뿌듯했다. 그런데 나중에 그 영어 연극을 지도하신 선생님들이 얼마나 애쓰셨는지를 듣고 더한 감격에 눈물이 핑 돌았다.

어떤 분은 퇴근 후에 어린 세 자녀를 돌봐줄 사람이 없어서 집으로 가 자녀들을 데리고 가서 아이들의 영어를 도왔고, 어떤 분은 어린 자녀를 맡길 데가 없어서 급여를 주고 베이비시터를 구하면서까지 영어회화를 지도했다는 것이다. 또 어떤 선생님은 봉사하는 중에 갑상선 암으로 수술을 했는데 혹시 그 일로 진도에 차질이 생길까봐 딱 일주일만 쉬고 나와 아이들을 지도했고, 또 다른 선생님은 전남 광주로 이사할 상황이었는데도 학기를 마치기로 한 아이들과의 약속을 지키기 위해 이사 날짜까지 옮겨가며 수업을 마무리했다고 한다.

　이렇게까지 하는 그들의 수고와 애씀이 이해되는가? 이런다고 월급 한 푼 나오는 것도 아닌데, 왜 이렇게까지 이 일을 정성으로 섬겨야 하는가? 대답은 간단하다. 자격 없는 나를 향한 하나님의 선행되는 신실하심에 신실함으로 반응하는 것이다. 그것이 신앙생활이기 때문에, 그 감격이 너무 커서 누군가에게 흘려보내지 않으면 안 되겠기에 자발적으로 나선 섬김인 것이다. 이 정신을 놓쳐서는 안 된다.

　야고보서 2장 20절에 이런 탄식이 나온다.

> 아아 허탄한 사람아 행함이 없는 믿음이 헛것인 줄을 알고자 하느냐 약 2:20

　심지어 26절에는 이런 말씀이 나온다.

> 영혼 없는 몸이 죽은 것같이 행함이 없는 믿음은 죽은 것이니라 약 2:26

　이런 탄식어린 말씀을 마음에 담고 자격 없는 자들을 '성도'라고 불러주신 하나님의 은혜에 신실하게 반응하며 우리의 믿음을 실천해야 한다. 철저하게 나 자신에게 초점이 맞추어져 있는 '나 중심'의 신앙생활을 탈피해야 한다.

또 한 가지, 제임스 몽고메리 보이스는 본문의 '신실한 자들'이란 표현에 '믿음에 거한다' 혹은 '믿음을 지킨다'라는 뜻이 있다고 해석했다.

마태복음 10장 22절에서 "또 너희가 내 이름으로 말미암아 모든 사람에게 미움을 받을 것이나 끝까지 견디는 자는 구원을 얻으리라"라고 말씀하는데, 끝까지 견딜 수 있는 힘은 우리를 견인하시는 하나님의 신실하심에 있음을 기억해야 한다. 그 사실을 기억하면서 인내할 때 끝까지 견디는 자가 될 수 있다. 이것이 우리 신앙의 모습이다.

C. S. 루이스는 이런 말을 했다.

"믿음은 기분이나 감정이 아니다. '이신칭의'라는 막연한 믿음이 아닌, 정말 믿음이 있는 사람은 말씀대로 살려고 몸부림치며 결국 우리 인생이 하나님만 의지할 수밖에 없는 존재라는 것을 증명해낼 때 비로소 하나님에 대한 전적인 신뢰, 전적인 믿음을 알 수 있게 되는 것이다."

유진 피터슨의 《메시지》를 보면 로마서 1장 17절의 "오직 의인은 믿음으로 말미암아 살리라"라는 부분을 이렇게 번역했다.

"하나님 앞에 바로 세워진 사람은 참으로 하나님을 신뢰함으로 살 것이다."

우리가 하나님을 신뢰하면, 그래서 자격 없는 자에게 '성도'라는 이름이 주어진 그 은혜에 감격하여 그 이름에 걸맞게 살려고 애를 쓰면 하나님께서 은혜를 주신다는 것이다.

오늘도 하나님은 내 하나님이 되시고, 자격 없는 나를 성도로 불러주셨다. 우리가 그 은혜에 신실하게 반응할 때 그곳이 감옥이든 대궐 같은 집이든, 환경에 연연하지 않는 기쁨이 있는 인생을 누리게 된다. 이것이 바로 그리스도인인 우리가 누리는 특권이다.

하나님 은혜의 감격을 회복하라

본문 말씀을 통해 우리는 두 가지를 회복해야 한다. 먼저 자격 없는 자를 불러주셔서 '성도'라고, '거룩한 자'라고 칭해주시는 하나님의 선행되는 신실하심을 경험해야 한다. 이 감격이 회복되어야 한다. 그런가 하면, 이런 자격 없는 나에게 행해진 하나님의 선행되는 신실하심에 신실함으로 반응하는 신실한 자들이 되어야 한다.

디모데전서 1장에 바울이 어떻게 그토록 신실한 사명자가 되었는지를 짐작할 수 있는 구절이 있다.

나를 능하게 하신 그리스도 예수 우리 주께 내가 감사함은 나를 충성되이 여겨 내게 직분을 맡기심이니 내가 전에는 비방자요 박해자요 폭행자였으나 도리어 긍휼을 입은 것은 내가 믿지 아니할 때에 알지 못하고 행하였음이라 우리 주의 은혜가 그리스도 예수 안에 있는 믿음과 사랑과 함께 넘치도록 풍성하였도다

딤전 1:12-14

바울은 선행되는 하나님의 은혜를 감격으로 받아 누렸기 때문에 감옥에서도 행복할 수 있었다. 그 행복이 그로 사명자로서 영향력 있는 인생이 되게 한 것이다.

우리도 하나님의 이 은혜를 경험하고 누림으로, 또한 그 감격을 회복함으로 사명자로서의 삶을 살게 되기를 바란다.

IDENTITY

에베소서 1장 1-6절
하나님의 뜻으로 말미암아 그리스도 예수의 사도 된 바울은 에베소에 있는 성
도들과 그리스도 예수 안에 있는 신실한 자들에게 편지하노니 하나님 우리 아
버지와 주 예수 그리스도로부터 은혜와 평강이 너희에게 있을지어다 찬송하
리로다 하나님 곧 우리 주 예수 그리스도의 아버지께서 그리스도 안에서 하늘
에 속한 모든 신령한 복을 우리에게 주시되 곧 창세전에 그리스도 안에서 우
리를 택하사 우리로 사랑 안에서 그 앞에 거룩하고 흠이 없게 하시려고 그 기
쁘신 뜻대로 우리를 예정하사 예수 그리스도로 말미암아 자기의 아들들이 되
게 하셨으니 이는 그가 사랑하시는 자 안에서 우리에게 거저 주시는 바 그의
은혜의 영광을 찬송하게 하려는 것이라

chapter 02

찬송하리로다

이웃이 어려움을 당할 때

2010년, 아이티에 큰 지진이 일어나 무려 20만 명이 넘는 사람들이 사망하는 비극이 발생했다. 그렇지 않아도 극빈국인 아이티는 그 지진으로 완전히 쑥대밭이 되었다. 그런데 그 무렵 미국의 어느 유명한 목회자가 공분을 일으키는 발언을 했다.

"아이티에 대지진이 일어난 것은 그들이 범죄했기 때문이다. 그들의 죄악으로 인해 저주를 받아서 이런 일이 일어났다."

정말 어처구니없는 주장 아닌가? 만약 그 목사의 주장대로 아이티가 하나님 앞에 범죄하여 저주를 받아 그런 비극이 일어난 것이라면 미국이나 유럽에서는 왜 그런 일이 일어나지 않는가? 우리가 보듯이, 미국이나 유럽 여러 나라의 타락과 방종은 눈뜨고 볼 수 없을 지경인데 말이다. 몇 년 전에 미국 라스베이거스에서 열린 '성인용품 엑스포'에서 세계 최초로 섹스로봇이 소개되어 화제가 되기도 했다. 그야말로 상상을 초월하는 음란한 일들이 일어나고 있다.

어디 그뿐인가? 우상 중에서도 하나님이 가장 싫어하시는 것을 꼽으라면 물질을 하나님의 자리에 올려놓으며 맘몬신으로 삼는 일인데, 그 극을 치닫는 것이 미국이나 유럽 국가들의 현실 아닌가? 이런 그들에 대해 오래 참고 기다리는 분이 하나님이신데, 이처럼 타락한 그들에 대해서는 오래 참으시는 하나님이 아이티가 범죄했다고 해서 그런 저주와 징벌을 내리실 수 있겠는가? 이것은 결코 옳은 시각이 아니다.

이웃 나라가 겪는 고통에 대해 이런 식으로 함부로 정죄하는 그 미국 목사의 발언을 보면서, 이웃이 어려움을 당할 때 어떤 생각과 자세를 가져야 하는지 가르쳐주셨던 예수님의 말씀이 생각났다.

누가복음 13장을 보자. 거기에 보면 갈릴리 사람들이 빌라도에게 학살당하는 끔찍한 사건이 발생한다. 몇 사람이 예수님에게 와서 그 일을 아뢰었다.

그때 마침 두어 사람이 와서 빌라도가 어떤 갈릴리 사람들의 피를 그들의 제물에 섞은 일로 예수께 아뢰니 눅 13:1

그러자 예수님이 뭐라고 말씀하시는가?

대답하여 이르시되 너희는 이 갈릴리 사람들이 이같이 해 받으므로 다른 모든 갈
릴리 사람보다 죄가 더 있는 줄 아느냐 너희에게 이르노니 아니라 너희도 만일
회개하지 아니하면 다 이와 같이 망하리라 눅 13:2,3

이 말씀에서 재난을 당하고 어려움을 겪는 이웃에 대해 우리가
가져야 할 두 가지 지침을 발견할 수 있다.

함부로 정죄하지 말라

첫째는, 그런 어려움을 당하는 사람을 함부로 정죄하지 말라는
것이다.

"너희는 이 갈릴리 사람들이 이같이 해 받으므로 다른 모든 갈릴
리 사람보다 죄가 더 있는 줄 아느냐?"

예수님은 단호하게 말씀하신다.

"아니라!"

오늘날도 이웃이 어려움을 당하고 고통에 빠지면 그것이 죄의 결
과라느니, 회개를 안 해서 그렇다느니 하는 식으로 함부로 정죄하
는 일들이 많이 일어난다. 가슴 아픈 이야기다. 우리는 주님의 지침
을 마음에 깊이 새겨야 한다.

나를 향한 하나님의 경고로 받으라

예수님이 주시는 둘째 지침은, 그런 일을 접하면 그것을 내게 주

시는 하나님의 경고로 삼으라는 것이다.

"너희에게 이르노니 아니라 너희도 만일 회개하지 아니하면 다 이와 같이 망하리라."

참 무서운 말씀 아닌가? 사실 현실을 놓고 보면 아이티뿐만 아니라 지구 전체가 몸살을 앓고 있다. 폭설, 폭우, 혹한, 혹서 등의 이상 기온과 지진, 해일로 고통을 겪는 나라가 한두 곳이 아니다. 어떤 과학자는 지구 북반구에 미니 빙하기가 도래했다고 분석하기도 한다. 미국의 '핵 과학자회' 모임에 지구 종말을 경고하는 '운명의 날 시계'가 있는데, 이 시계가 2016년 1월 26일을 기준으로 자정 3분 전을 가리키고 있었다. 이대로 가다가는 지구의 종말이 곧 도래하리라는 무서운 경고이다.

세계 곳곳에서 재난이 일어나고 이상 현상들이 끊이지 않는 이때에 우리는 어떤 태도를 취해야 하는가? 이 마지막 때에 하나님 앞에 겸손하고 바르게 서야겠다는 다짐이 필요하다.

성경은 "그러므로 하나님의 전신 갑주를 취하라"(엡 6:13)라고 권면하면서 그 이유를 이렇게 설명한다.

이는 악한 날에 너희가 능히 대적하고 모든 일을 행한 후에 서기 위함이라

엡 6:13

지구 곳곳에서 일어나는 무서운 참사를 보면서 우리는 하나님 앞

에 설 날을 대비해야 한다. 언제 지구의 종말이 오고 언제 하나님의 심판이 도래할지라도 그날에 능히 설 수 있도록, 하나님 앞에 부끄럽지 않을 수 있도록 말이다. 이것이 환난과 어려움 앞에서 예수님이 주시는 지침이다.

이런 관점에서 에베소서 1장 3절에 담긴 메시지를 좀 더 자세히 살펴보자.

찬송하리로다

바울은 지금 감옥 안에서 이 편지를 쓰고 있다. 읽어보면 알겠지만, 그의 몸은 비록 감옥에 있지만 그 때문에 요동하거나 비굴하지 않은, 그야말로 당당한 바울을 보게 된다.

> 찬송하리로다 하나님 곧 우리 주 예수 그리스도의 아버지께서 그리스도 안에서 하늘에 속한 모든 신령한 복을 우리에게 주시되 엡 1:3

에베소서 1장 1,2절은 편지를 시작하는 인사말이기 때문에 에베소서가 실제로 시작되는 본론은 3절부터라고 볼 수 있다. 그것을 감안했을 때 바울은 어떤 말로 이 편지를 시작하는가?

"찬송하리로다."

바울은 강렬한 이 한 마디로 에베소서를 시작한다. 그리고 원어로 보면 3절부터 14절까지가 한 문장으로 되어 있다. 마침표가 없어서 숨이 짧은 사람은 읽다가 숨넘어갈 지경이다.

이 장면을 한번 생각해보자. 바울이 감옥에서 편지를 쓰고 있는데 인사말을 끝내자마자 거두절미하고 "찬송하리로다"라고 고백하더니, 무려 14절까지 숨도 안 쉬고 하나님의 은혜와 감사와 감격을 표현하고 있다.

특히 1장에는 삼위 하나님 각각의 구원 계획이 잘 묘사되어 있는데, 3-6절에서는 성부 하나님의 구원 계획과 성취, 7-12절에서는 예수 그리스도의 구원 사역, 그리고 13,14절에서는 성령 하나님의 구원 사역이 세 부분으로 나뉘어 일목요연하게 정리되어 있다. 그런데 유심히 보면 각 단락을 마무리 지을 때마다 공통적으로 등장하는 것이 있다. 하나씩 살펴보자.

바울은 6절에서 성부 하나님의 구원 계획을 이렇게 마무리한다.

이는 그가 사랑하시는 자 안에서 우리에게 거저 주시는 바 그의 은혜의 영광을 찬송하게 하려는 것이라 엡 1:6

12절에서는 성자 예수님의 사역에 대해 마무리하면서 이렇게 말한다.

이는 우리가 그리스도 안에서 전부터 바라던 그의 영광의 찬송이 되게 하려 하심이라 엡 1:12

또 14절에서도 성령 하나님의 사역에 대해 정리하면서 이렇게 말한다.

> 이는 우리 기업의 보증이 되사 그 얻으신 것을 속량하시고 그의 영광을 찬송하게
> 하려 하심이라 엡 1:14

바울은 삼위 하나님의 구원 계획과 펼치시는 사역들을 설명할 때마다 항상 찬송으로 마무리한다. 이처럼 그의 몸은 억울하게 감옥에 갇혀 있지만, 그의 내면세계는 그런 것에 묶이지 않고 감사와 기쁨으로 가득 차 있었던 것이다.

염려 속에서 기뻐할 수 있는 힘

어떻게 이것이 가능했을까? 사실 이런 질문 자체가 틀린 것이다. 이것은 오히려 당연한 일이어야 한다. 우리는 질문을 바꾸어 이렇게 되물어야 한다. 예수 믿고 변화 받는 은혜를 입었다면서 어떻게 이런 기쁨과 감사가 없을 수 있느냐고.

"도대체 우리는 어떻게 신앙생활하기에 주일날 예배를 드리는데도 엿새 동안 그렇게 환경과 상황에 얽매여 허덕이며 사는 것일까?"

이런 찬송가가 있다.

성령이 계시네 할렐루야 함께하시네

좁은 길을 걸으며 밤낮 기뻐하는 것
주의 영이 함께함이라

넓고 호화로운 길을 걸으며 밤낮 기뻐하는 것은 본능이다. 저절로 된다. 일이 잘 풀리고 성공적인 삶을 사는데 밤낮 기뻐하지 않을 사람이 누가 있을까? 그러나 지금 분명히 고난과 실패의 길을 걷고 있는데 그런 상황에서도 낙심하지 않고 '밤낮 기뻐할 수 있는 것', 이것이 신앙생활이 주는 힘이다.

이 찬양의 3절 가사를 보면 이렇다.

나와 동행하시고 모든 염려 아시니
나는 숲의 새와 같이 기쁘다

이 가사를 한번 주목해보라. '하나님이 모든 염려를 아신다'고 한다. 이 가사가 전제로 하는 것이 무엇인가? 염려가 있다는 이야기다. 문제가 있고 아픔이 있다. 눈물이 있다. 그럼에도 불구하고 "나는 숲의 새와 같이 기쁘다"라고 노래할 수 있는 것은, 그런 상황을 하나님께서 알고 계심을 믿기 때문이다. 그렇게 나와 동행하시는 하나님, 나의 모든 염려를 아시는 하나님이 계시기에 좁은 길을 걸어도 밤낮 기뻐하는 삶을 살 수 있는 것이다.

우리나라 사람들은 보통 '새가 운다'고 표현한다. 이런 표현들이 흔히 '한(恨)'이라고 하는 우리나라 사람들의 어두운 정서를 보여주는 것 같다. 사는 것이 얼마나 힘들었으면 지저귀는 새만 봐도 우는 것 같았을까?

그런데 예수 믿고 변화된 것이 있다. 지저귀는 새를 봐도 노래하는 것이 아니라 우는 것처럼 보이던 어둡고 답답한 마음이 변하여, 이것을 봐도 근심이고 저것을 봐도 근심인 삶의 환경 속에서 숲의 새가 노래하는 것같이 기쁘고 즐거운 생활을 할 수 있게 된 것이다. 환경과 상관없이 기뻐하고 찬양할 수 있는 것, 이것이 신앙생활의 묘미이다. 우리가 다 이런 신앙생활을 영위할 수 있게 되기를 바란다.

찬송할 이유, 은혜와 평강

그러고 보면 3절의 "찬송하리로다"라는 표현은 바로 앞의 2절과 깊은 연관을 가진다. 2절에서 바울은 이렇게 인사했다.

> 하나님 우리 아버지와 주 예수 그리스도로부터 은혜와 평강이 너희에게 있을지
> 어다 엡 1:2

여기 나오는 '은혜와 평강'은 교회에서 가장 자주 사용되는 표현 중에 하나일 것이다. 설교를 조금만 잘해도 "은혜 많이 받았습니다"라고 하고, 기분이 조금만 좋아도 "은혜 충만입니다"라고 인사

한다. 그런데 사실 '은혜'란 단어는 이런 식의 감정적인 표현이 아니다. '은혜'를 글자 그대로 표현하면 이런 뜻이다.

"자격 없는 자에게 주어지는 하나님의 선물."

그러니 목사가 설교 좀 잘하면 은혜 받고, 설교가 좀 지루하면 은혜 못 받고 하는 그런 개념이 아니다. 무조건적인 하나님의 선물이 은혜인 것이다.

> 너희는 그 은혜에 의하여 믿음으로 말미암아 구원을 받았으니 이것은 너희에게서 난 것이 아니요 하나님의 선물이라 엡 2:8

그렇다면 '평강'은 무엇인가? 평강은 은혜의 결과로 얻어지는 별책부록 같은 것이다. 은혜가 우리에게 임했는가? 자격 없는 자인 우리에게 하나님의 선물로 은혜가 부어졌는가? 그렇다면 평강은 저절로 따라온다. 범죄함으로 인하여 하나님과 원수가 되어버린 우리 인생을 하나님이 은혜로 구원해주시어 관계가 회복되니, 평화가 따라오는 것이다.

그렇기 때문에 여기서 말하는 평강, 곧 '샬롬'은 관계적인 평화를 말한다. 통장에 돈이 많아서, 하는 일이 다 잘되어서 기쁜 것을 '샬롬'이라고 하면 안 된다.

은혜와 평강, 이 순서가 중요하다. 평강과 은혜가 아니다. 은혜와 평강이다. 하나님이 자격 없는 자에게 주시는 구원의 선물을 받으면, 그래서 관계가 회복되면 평강은 저절로 얻게 된다. 현대인들이 평강을 그렇게 갈구하면서도 얻지 못하는 것은 하나님과의 관계가 회복되지 않았기 때문이다.

> 그러므로 우리가 믿음으로 의롭다 하심을 받았으니 우리 주 예수 그리스도로 말미암아 하나님과 화평을 누리자 롬 5:1

이 단계가 바로 평강 곧 '샬롬'이다. 인생을 살아가는 동안 좁은 길을 걸으며, 때때로 근심과 우환이 가득한 삶에 빠져 있다 할지라도 하나님과의 관계가 회복된 자들만이 누릴 수 있는 이 평강을 빼앗기지 않는 우리 모두가 되기를 바란다.

나는 우리 모두가 사도 바울이 그랬던 것처럼 은혜의 삶, 평강의 삶, 그리하여 찬양하고 찬송하는 삶을 늘 살게 되기를 바란다. 비록 현실은 감옥 안이라 할지라도 말이다. 그러기 위해서는 바울에게서 중요한 두 가지 교훈을 배워야 한다.

시야를 넓혀라

첫째로 바울처럼 위기를 만날 때 무너지지 않는 복된 인생을 살기 위해서는 우리의 시야를 넓혀야 한다.

나는 3절 말씀을 읽으며 마음속으로 이런 질문을 던졌다.

'아니, 바울은 어떻게 암담한 감옥 속에서도 이런 놀라운 찬양과

믿음의 고백을 할 수 있었을까?'

이 질문을 가지고 3절을 주의 깊게 읽다가 거기서 이유를 발견했다. 3절을 다시 한 번 보자.

찬송하리로다 하나님 곧 우리 주 예수 그리스도의 아버지께서 그리스도 안에서
하늘에 속한 모든 신령한 복을 우리에게 주시되 엡 1:3

여기 나오는 '하늘에 속한 모든 신령한 복'은 이 땅에 속한 물질적이고 가시적인 복과 대비되는 개념이다. 세상 사람들이 보편적으로 가지고 있는 복의 개념은 물질적이고, 가시적이며, 땅의 것이다. 물질이 풍요롭고, 건강하고, 좋은 위치와 지위를 누리는 것들 말이다. 이 복을 누리는 것도 물론 좋은 일이다. 하지만 하나님의 관점으로는 그런 육체적이고 물질적인 복은 차원이 낮은 복임을 잊어서는 안 된다.

바울이 말하는 복은, 그런 눈에 보이는 복이 아니라 영적인 복이요 신령한 복, 땅에 속한 것이 아닌 하늘에 속한 복이다. 이 신령한 복을 볼 수 있는 데까지 우리의 시야를 넓혀야 한다.

이런 넓은 시야가 확보되면 땅에 있는 일시적인 복들을 다 빼앗겨도 마음의 기쁨은 빼앗기지 않게 된다. 지금 바울이 그것을 몸소 보여주고 있지 않는가?

일희일비하지 않는 눈

새옹지마(塞翁之馬)라는 사자성어가 있다. 그 유래가 이렇다. 중국 변방의 한 노인이 말을 기르고 있었는데, 어느 날 그 말이 오랑캐들이 사는 국경 너머로 도망쳐버렸다. 시야가 좁은 마을 사람들은 노인에게 와서 얼마나 상심이 크냐고 위로해주었다. 그러자 그 노인은 "그것이 복이 될지 어떻게 알아요?"라고 하며 넉넉하게 웃어 넘겼다.

몇 달 뒤, 도망갔던 노인의 말이 다른 좋은 말 한 마리를 데리고 돌아왔다. 그러자 마을 사람들은 또 찾아와 축하를 건네며 호들갑을 떨었다.

"정말 어르신의 생각이 맞네요. 경사가 났네요."

그런데 노인은 기뻐하지 않고 이렇게 말했다.

"이게 나중에 화가 될지 또 어찌 알겠소."

집에 좋은 말이 생기자 말 타는 것을 좋아하는 아들이 그 말을 타다가 말에서 떨어져 다리가 부러지고 말았다. 마을 사람들은 또 와서 "그 말 때문에 정말 불행한 일이 벌어졌네요"라고 말을 건넸다. 노인은 역시 크게 요동하지 않고 "이게 좋은 일이 될지 어떻게 알아요"라는 반응을 보였다.

그랬는데 1년 뒤 오랑캐가 침략하여 마을의 모든 젊은이들은 전쟁터에 끌려가 목숨을 잃었는데, 그 노인의 아들은 다리를 다친 탓에 전쟁에 나갈 수 없어서 목숨을 건졌다고 한다. 이것이 '새옹지마'

에 담긴 이야기다.

이 변방의 노인에게서 바울의 모습을 발견할 수 있다. 시야가 좁은 사람은 눈앞에서 일어나는 그때그때의 현실적인 현상밖에 보지 못한다. 그것 때문에 나온 말이 일희일비(一喜一悲)이다. 그때그때 일어나는 일에 따라 잠깐 기뻐했다가 잠깐 슬퍼했다가 하는 것을 말한다. 그런데 변방에 사는 그 노인은 멀리 보는 눈을 가지고 있어서 눈앞의 일로 일희일비하지 않았다.

바울도 마찬가지다. 넓은 시야를 가졌던 그는 당장 감옥에 갇힌 현실의 상황 때문에 마음이 요동하거나 절망하지 않고, 오히려 하늘에 속한 복을 바라보며 기뻐할 수 있었다.

시야가 넓어지면 하나님의 일하심이 보인다

나는 예수님의 팔복을 자주 마음에 새긴다. 팔복이 말하는 것이 무엇인가? 시야를 넓히라는 것이다.

심령이 가난한 자는 복이 있나니 천국이 그들의 것임이요 마 5:3

시야가 좁으면 가난한 것만 보인다. 심령이 곤고하고 마음이 힘든 데만 집중해서 자기만 항상 불행한 것 같다. 그런데 시야를 넓히고 보면 그게 복인 것을 안다. 천국이 그들의 것이기 때문이다.

애통하는 자는 복이 있나니 그들이 위로를 받을 것임이요 마 5:4

겉으로 보기에는 눈물 흘리며 애통하는 사람이 안쓰럽게 보이지만, 시야를 넓혀서 보면 그렇게 애통하는 자에게 임하는 하나님의 놀라운 위로하심이 있기 때문에 그것이 오히려 복이 된다는 것이다. 신앙생활은 결국 '시야 넓히기'이다.

다윗은 시편 23편에서 이런 고백을 했다.

내 평생에 선하심과 인자하심이 반드시 나를 따르리니 시 23:6

자신을 죽이려고 쫓아오는 사울 왕 때문에 수없이 많은 위기를 겪은 다윗이지만, 지나고 보니 그런 과정들을 통해 일하시는 하나님의 일하심을 볼 수 있게 되었다. 이런 일이 반복되자 다윗의 시야가 말할 수 없이 넓어졌다. 그렇게 시야가 넓어지자 "내 평생에 선하심과 인자하심이 반드시 나를 따르리니"라는 놀라운 고백을 하게 된 것이다.

예를 들어보자. 사무엘상 23장 15절만을 보면 다윗은 절망적인 상태에 빠져 있다.

다윗이 사울이 자기의 생명을 빼앗으려고 나온 것을 보았으므로 삼상 23:15

육안으로 보면 자기를 죽이려는 권력자 원수 사울이 보였다. 좁은 시야로 이것만 보면 절망에 빠지고 말 상황이다. 그러나 시야를 조금 더 넓혀서 15절에만 매이는 것이 아니라 그를 감싸고 있는 14절과 16절을 보면 그 안에 얼마나 놀라운 은혜가 있는지 발견하게 된다.

> 다윗이 광야의 요새에도 있었고 또 십 광야 산골에도 머물렀으므로 사울이 매일 찾되 하나님이 그를 그의 손에 넘기지 아니하시니라 삼상 23:14

이미 하나님의 보호하심이 작동하고 있었다. 그런가 하면 16절에서는 어떤 보호 조치가 펼쳐지고 있는가?

> 사울의 아들 요나단이 일어나 수풀에 들어가서 다윗에게 이르러 그에게 하나님을 힘 있게 의지하게 하였는데 삼상 23:16

15절만 보면 안달복달할 수밖에 없다. 죽을 것 같다. 외롭다. 혼자 버려진 것 같다. 그러나 시선을 넓혀 바라보면 14절에서 영으로 감싸주시는 하나님의 보호하심이 보인다. 뿐만 아니라 16절에서 아름다운 동역자 요나단을 통해 하나님의 심정을 전해주고 계심을 보게 된다. 이것이 신앙생활이며, 다윗에게 요나단이 그랬던 것처럼 나를 위로해주는 사람들이 모인 곳이 교회이다.

교회에 다닌다고 하면서 이런 요나단과 같은 동역자를 만나지 못한다면 억울한 일이 아닐 수 없다. 겨우 일주일에 한 번 예배만 달랑 드리고, 그 외의 어떤 모임에도 참여하지 않는 분들이 놓치는 축복이 바로 이것이다. 꼭 기억해야 한다.

한 치 앞을 알 수 없는 두렵고 불안한 15절의 삶을 사는 사람들을 14절과 16절의 하나님의 긍휼과 보호하심으로 감싸주는 것이 교회이다. 그것이 신앙생활이다. 나는 모든 성도들이 교회에 마음을 열고 요나단과 같은 동역자를 만나려고 애썼으면 좋겠다.

뿐만 아니라 우리 자신이 요나단이 되어야 한다. 한 사람의 생명을 살리고, 용기를 전하고, 살아 계신 하나님의 놀라운 위로하심을 전하는 그런 사람이 되어야 한다.

그래서 우리 교회가 "내 백성을 위로하라"(사 40:1)라고 하시는 하나님의 말씀대로 서로를 섬기고 격려하는 따뜻한 공동체가 되기를 바란다.

영적인 야성을 회복하라

둘째로 우리가 바울처럼 어려움과 위기 앞에서도 무너지지 않는 영성을 갖기 위해서는 '영적인 야성'을 회복해야 한다.

바울처럼 감옥에 갇히는 위기 속에서도 흔들리거나 위축되지 않는 강한 영성을 소유할 수 있다면 얼마나 좋겠는가? 바울처럼 절망적인 위기 속에서도 당당하고 위축되지 않는 자세를 견지하는 것,

이것이 특히 영적인 공격이 많은 오늘 우리 시대에 우리가 보여야 할 모습이다.

아이티에서 지진이 났을 당시, 우리 교회 한 성도의 어머니가 선교사로 아이티에 머물고 계셨다. 그러니 가족들이 얼마나 놀랐겠는가? 그 상황에서 교회 홈페이지에 기도제목이 담긴 글을 남겼다.

저희 어머니는 올해 65세로 8년째 아이티에서 선교사로 사역하고 계십니다. 현재 '사랑의집'에서 12명의 고아들을 돌보시고, 6명의 청년을 현지 목회자로 세우기 위해 신학 공부를 돕고 있습니다.

오늘 오전 뉴스에서 아이티 7도 강진 소식을 들었습니다. 바로 연락을 해보았지만 연락이 닿지 않아 급한 마음에 대사관에 연락해보았습니다. 조금 전 연락을 받았는데, 정확하진 않지만 병원에 계시다는 소식을 전해주었습니다. 어머니의 정확한 상태나 아이들과 청년들은 어떠한 상황인지는 아직 모른다며 파악하는 대로 연락해주겠다고 합니다.

이런 다급한 상황이었는데, 현지에서 놀라운 소식이 전해졌다. 지진이 나자 대사관 직원들이 우리나라 사람들을 보호하기 위해 안전한 이웃 나라로 피신시키고 있는데, 그 노 선교사님은 그곳을 떠나지 않겠다고 하셨다는 것이다. 지금 돌보고 있는 아이들과 청년들을 버려두고 혼자 안전한 곳으로 갈 수 없다는 이유에서였다. 피 한

방울 섞이지 않은 남의 나라 아이들을 위해 자기 생명을 건 것이다.

정말 놀라운 결단 아닌가? 목숨을 걸고 자신에게 맡겨진 사명을 감당하려는 그 선교사님의 모습 속에서 나는 바울이 가진 것 같은 강인한 영성을 발견했다. 그리고 그 모습이 내 마음에 깊은 도전이 되었다.

목사라고 강대상 앞에 서서 마이크 들고 큰소리로 설교한다고 그것이 다 능력이겠는가? 어려움을 당할 때 리더로서 "내가 그들과 함께 여기서 죽겠다. 나만 편한 길 가지 않겠다"라고 하는 영적 야성을 지닌 그 선교사님이야말로 진짜 능력 있는 목회자란 생각이 들었다.

그러고 보면 우리 윗대의 어른들은 참 담대한 신앙인의 모습을 보여주셨다. 극심한 고문 속에서도 '일사각오'의 신앙을 가지고 끝까지 고고한 모습을 잃지 않으셨던 주기철 목사님을 생각하면 머리가 절로 숙여진다. 원수를 양자 삼아버린 손양원 목사님도 마찬가지이다. 오늘날 우리는 이런 믿음의 선배들의 영적인 야성은 다 잃어버리고 껍데기만 남은 것 같아 죄송한 마음이다.

분당우리교회를 담임하는 입장에서도 이 부분이 마음 아프다. 사실 개척 초기에는 성도들의 숫자도 그리 많지 않았고, 또 학교 강당을 빌려서 예배를 드리다보니 불편하고 부족한 것들이 많았다. 그러나 그 불편한 상황을 오직 영적인 야성 하나로 버텨냈다. 그때는 모이기도 잘하고 기도도 열심이었다. 특별새벽기도회가 열리면 어린아이들까지 깨워 온 가족이 예배드리기 위해 교회로 모여들었다.

그랬는데 어느 순간 교회가 비대해지면서 영적으로 많이 허약해졌음을 느낄 때면 마음이 아프다. 그렇기 때문에 아픈 가슴으로 늘 고심한다.

'어떻게 하면 우리 교회가 영적으로 강인한 체질로 바뀔 수 있을까?'

끊임없는 나의 고민이며 숙제이다.

다음세대를 향한 신앙 교육도 마찬가지다. 대학입시가 넘을 수 없는 우상이 된 지는 이미 오래이다. 자녀가 고3 수험생이 되면 교회는 잠시 쉬고 일단 대학부터 들어가고 보자는 식으로 아이들을 설득하는 가정이 생각보다 많다. 이런 식의 신앙 교육은 자녀들이 중심을 잃고 상황에 따라 비굴하게 흔들리는 인생을 살게 할 위험이 크다.

무서운 지진 속에서도 자기 혼자만 안전한 곳으로 갈 수 없다고 그 자리에 끝까지 버티고 계셨던 그 선교사님과 같은 영적 야성을 가진 자녀로 기르기 원한다면, 부모가 먼저 흔들리지 않는 담대한 영적 야성을 회복해야 한다. 우리가 좁은 생각과 좁은 소견으로 멀리 바라보지 못해 우리 아이들을 잘못된 길로 인도하지 않게 되기를 바란다.

우리는 찬송, 은혜, 평강, 신령한 복, 이 네 단어를 꼭 기억해야 한다. 이 단어들을 마음에 담고 더 넓은 시야를 회복하며 영적인 야성을 회복하는 삶을 살아야 한다. 그래서 부끄럽지 않고, 비굴하지 않고, 어떤 형편에 처하든지 주님의 십자가와 더불어 당당한 신앙을 지켜나가는 우리 모두가 되기를 바란다.

IDENTITY

에베소서 1장 3-6절

찬송하리로다 하나님 곧 우리 주 예수 그리스도의 아버지께서 그리스도 안에서 하늘에 속한 모든 신령한 복을 우리에게 주시되 곧 창세전에 그리스도 안에서 우리를 택하사 우리로 사랑 안에서 그 앞에 거룩하고 흠이 없게 하시려고 그 기쁘신 뜻대로 우리를 예정하사 예수 그리스도로 말미암아 자기의 아들들이 되게 하셨으니 이는 그가 사랑하시는 자 안에서 우리에게 거저 주시는 바 그의 은혜의 영광을 찬송하게 하려는 것이라

chapter 03

하나님이 택하셨다

거절감이 괴물을 만들다

90년대 중반에 있었던 지존파 사건을 기억하는가? 당시 나이로 20대 초중반의 젊은이들 여섯 명이 폭력조직을 결성했는데, 그들의 극악무도한 범죄로 사회가 발칵 뒤집혔다. 그들은 "돈 많은 자를 증오한다, 각자 10억 원을 모을 때까지 살인을 계속한다, 배신자는 죽인다"와 같은 끔찍한 행동강령까지 만들어 도저히 인간으로서는 행할 수 없는 짓들을 저지르다 결국 붙잡혔다.

검거된 후에도 반성은커녕 "더 죽이지 못한 게 억울하다, 인간이기를 포기하기 위해 인육을 먹었다"는 등의 발언을 해 전 국민이 경악하기도 했다. 조직원 중에 한 명은 "엄마를 내 손으로 못 죽여서 한이 맺힌다"라고까지 말했다. 그런데 이런 아픔의 근원이 어딘가

봤더니, 그 밑바닥에 거절감의 상처가 있었다.

나중에 어느 분이 범죄심리학을 공부하면서 지존파 조직원들의 가족사에 대한 자료를 보았는데, 그들은 다 불우한 어린 시절을 보냈다는 공통점이 있었다. 아버지의 폭력, 어머니의 가출, 윤락녀가 되어버린 누나 등 불우한 가정환경 속에서 어린 시절부터 너무나 많은 거절감의 상처를 받아왔다는 것이다.

'거절감'은 내적치유에서 자주 언급되는 단어 중 하나인데, 이는 '과거에 거절 받은 아픈 감정이 부적절하게 작용하는 마음'이라고 정의된다. 예를 들어, '부모가 원치 않았는데 나를 임신했다'라든가 '아들을 원했는데 딸인 내가 태어났다' 같은, 어릴 때부터 부모에게 거절당했던 기억들이 내재되어 있다가 그것이 치유되지 않은 채로 남아 현재의 내 삶에 나쁜 영향을 미친다는 것이다.

그래서 작은 일에 쉽게 실의에 빠지고, 죄의식이 가득하고, 자기 비하가 많고, 누군가를 향한 분노의 감정을 가지게 되거나 심지어는 지존파처럼 세상에 대해 또는 불특정 다수에 대해 적개심과 복수심이 생기기도 하는 것이다. 이런 일들의 출발점이 거절감이다.

복음, 거절감의 치유제

에베소서 1장을 묵상하다가 문득 지존파가 떠올랐던 이유가 있다. 지존파가 검거되어 감옥에 들어갔는데, 얼마나 거친지 처음에는 간수들조차 그들을 통제할 수 없었다고 한다. 그런 그들이 나

중에는 순한 양처럼 되었는데, 도대체 무슨 일이 일어난 것인가 알고 보니, 그들에게 복음을 전한 사람들이 있었다. 나도 개인적으로 알던 분들인데, 전도 훈련을 함께 받은 몇 분들이 함께 감옥에 찾아가 복음을 전했다는 것이다.

처음에는 얼마나 냉대와 문전박대를 당했겠는가? 하지만 포기하지 않고 끝까지 그리스도의 사랑으로 감싸 안은 결과, 나중에는 그들이 모두 복음을 받아들이고 순한 양같이 되었다는 것이다. 그 집사님이 조직원 중 한 명인 김현양의 편지를 내게 보여주었는데, 그 편지를 보고 참 많은 생각을 했다. 내용이 이랬다.

지난날 사회를 어지럽히던 살인자 김현양이 예수님의 종이 되었다고 전해주세요. 그리고 이 세상이 서로를 존중하며 아껴주는 마음을 가지고 사랑을 베푼다면 저 같은 죄인은 다시 태어나지 않을 것이라고 잊지 말고 전해주세요. 선생님이 나눠주신 사랑을 어떻게 갚아야 할지 모르겠습니다. 그저 조금 남은 생이지만 제가 할 수 있는 사랑을 베풀면서 살아야겠지요. 선생님, 고맙습니다. 그리고 사랑합니다.

이 편지를 읽으며 큰 충격을 받았다. 불과 얼마 전만 해도 악마 같은 표정을 지으며 자신은 인간이기를 포기하려고 인육을 먹었다고 했던 사람이 불과 며칠 뒤에 이런 글을 썼다는 게 믿기지 않았다. 내 마음을 아프게 했던 것은, 복음을 받은 지존파 조직원들이 안타까워하며 "이 좋은 것을 왜 이제야 전해주느냐"라는 원망 섞인 말을 했다는 것이다.

이 말은 안타까웠지만 그러면서 덧붙인 말이 감동적이다. 자기는 이제 예수 믿고 변화되었지만, 그러나 끔찍한 짓을 저질렀기에 죽어야 한다는 것이었다. 죗값을 치러야 한다는 말이다. 그 말을 통해 그 심령 안에 복음이 온전히 들어갔다는 것이 느껴졌다. 그들은 그렇게 영은 기꺼이 구원받았지만, 육신은 용서받지 못할 죄를 지었기에 형장의 이슬로 사라졌다. 그 일이 있은 후, 한참 시간이 지날 동안 그들만 떠올리면 마음에서 이런 질문이 떠오르곤 했다.

"누가, 무엇이 이 사람들을 이렇게 변화시켜놓았을까?"

이것이 복음이다. 복음의 능력은 이런 것이다.

오늘날 수많은 사람들이 성경책 들고 교회에 예배드리러 나오지만, 실제적인 복음의 능력은 경험하지 못하고 있다. 나는 말씀을 전하는 목사로서 날마다 안타까운 마음으로 기도한다.

'하나님, 오늘 성도들이 어떤 상처와 어떤 문제를 가지고 예배의 자리에 나오는지 모르지만, 저들의 마음에 자리한 뿌리 깊은 거절감이 복음의 능력으로 치유되게 해주시기를 바랍니다.'

바울이 만난 신령한 복

이런 관점에서 에베소서를 살펴보자. 감옥에 억울하게 갇혀 있는 상황에서 인사말이 끝나자마자 봇물 터지듯 나오는 것이 "억울하다"가 아니라 "찬송하리로다"였다. 그러고는 무려 14절까지, 마침표도 없이, 하나님을 향한 감격과 기쁨과 찬양을 쏟아놓는 놀라운 일이 도대체 어떻게 가능한가? 이것은 복음의 능력을 실제로 경험한 사람만이 가질 수 있는 태도이다.

여기에 비하면 우리는 복음이 제대로 작동하긴 하는지 의심스러울 지경이다. 감옥에 갇히기는커녕 조금만 어려움을 당해도 마음에서 쓴뿌리가 솟구쳐 올라오는 것이 우리의 모습 아닌가? 우리 내면에 있는 거절감이 치유되지 않았다는 증거이다. 나는 우리가 교회에 오래 다닌 것을 자랑하는 성도가 아니라, 복음의 능력을 경험하고 그 복음이 실제적으로 우리 안에 있는 뿌리 깊은 거절감과 상처를 치유하는 능력임을 경험하는 것을 자랑하는 성도가 되기를 바란다. 앞에서 살펴본 것처럼, 바울이 감옥에서도 기뻐할 수 있었던 것은 그가 신령한 하늘의 복을 만났기 때문이다.

그러면 이제 우리가 알아야 할 것은 3절에서 말하는 '하늘에 속한 신령한 복'이 무엇인가 하는 것이다.

찬송하리로다 하나님 곧 우리 주 예수 그리스도의 아버지께서 그리스도 안에서 하늘에 속한 모든 신령한 복을 우리에게 주시되 엡 1:3

이것을 설명하는 것이 에베소서 1장 4-14절의 말씀이다. 4절에서 바울은 '곧'이란 표현을 쓰면서 신령한 복에 대해 설명하는데, 여기서 그가 말하는 신령한 복은 크게 두 단어로 설명할 수 있다.

첫째 복, 선택하심의 은혜

바울이 만났던 첫 번째 신령한 복은 '선택하심'이다.

> 곧 창세전에 그리스도 안에서 우리를 택하사 엡 1:4

바울은 하나님께서 자기를 선택해주셨다는 사실을 '하늘에 속한 모든 신령한 복'이라고 표현한다. 이것이 바울에게 왜 이토록 큰 감격을 가져다주었을까? 그것은 우리 내면에 도사리고 있는 거절감 때문이다. 우리 내면에는 거절감이란 상처가 도사리고 있다. 지존파만 그런 것이 아니다. 크든 작든 우리 모두에게는 어린 시절부터 받아온 거절감의 상처가 있다. 그런 우리에게 하나님의 '선택하심'의 은혜는 바로 이런 거절감의 상처를 치유하는 능력이 된다.

목회자들도 마찬가지다. 어느 글에 보니, 목회자에게 가장 많이 나타나는 것이 '거절에 대한 두려움'이라고 한다.

'내가 설교를 잘 못하면 성도들이 나를 불신하지 않을까', 내 인격이 이것밖에 되지 않는데, 이것 때문에 성도들이 나를 거절하는 건 아닐까?'

목회자들 안에 있는 이런 두려움 때문에 이상한 행동이 튀어나올 수도 있다. 우연히 인터넷에서 어느 목사님의 글을 보았는데, 그 목사님이 가장 두려워하는 말이 "싫어"라는 말이라고 했다. 그 말이 자기에게 상처가 되니 자기도 가장 하기 힘든 말이 바로 "싫어"란 말이어서 거절을 잘 못한다는 것이었다.

그런데 거절을 못하면 목회를 제대로 할 수가 없다. 내가 담임목사로 목회를 하다 보니, 담임목사가 가져야 할 두 가지 균형이 있다는 것을 알게 되었다. 온 세상의 허물을 다 덮고 감싸 안을 수 있는 사랑이 있어야 하고, 동시에 때로는 피도 눈물도 없는 것 같은 냉정함이 있어야 한다. 담임목사가 싫은 말은 하기 싫어하고, 좋은 말만 하려고 하면 교회에 질서가 없어지게 된다. 교회를 개척한 이후로 지난 시절을 되돌아보면, 때로는 교회를 지키기 위해 싸움닭처럼 사나워졌던 때도 많았음을 기억하게 된다.

그런데 거절을 못하니 목회가 어떻게 되겠는가? 그 목사님은 자기 성격이 부드럽고 예민해서 그런 줄 알았다. 그러다 나중에 내적 치유를 공부하다가 그것이 바로 자기 안에 있는 거절감의 결과라는 것을 깨달았다고 한다.

어린 시절, 어머니가 무심코 뱉은 말이 그의 가슴에 박혀 오래도록 그를 괴롭힌 아픔이 되었다. 그는 딸만 여섯 있는 가정의 막내아들로 태어났는데, 딸만 여섯을 낳는 동안 남편으로부터 받은 거절감의 상처를 가득 안은 상태에서 임신한 아이가 바로 그 목사님이었다. 어느 날 그 어머니가 문득 이런 이야기를 하셨다고 한다.

"내가 너를 임신하고 병원에 두 번이나 갔다. 하지만 도저히 용기가 나지 않아서 병원 문 앞에서 발길을 돌렸지."

어머니의 그 말을 들었을 때 너무나 가슴이 아팠던 것이 떠오르면서 자기가 그토록 '싫어'란 말을 두려워하는 것이 자기 안에 있던 치유되지 않은 거절감 때문이라는 것을 깨달았다고 했다. 그러고는 주 안에서 복음으로 그 거절감의 상처가 치료되었다는 간증의 글을 올린 것이었다.

복음은 우리 내면에 도사리고 있는 무서운 거절감의 상처를 치유하는 능력이다. 왜 그런가? 복음은 자격 없는 나를 선택해주신 하나님의 선택하심이기 때문이다. 거절감의 상처가 있는 사람에게는 하나님의 선택하심의 은혜가 치유의 능력이 된다.

택하시되 창세전에 택하셨다

본문을 가만히 보면, 하나님이 우리를 택하시되 언제 택하셨다고 하는가? 창세전에 택하셨다고 한다. '창세전'이란 단어 하나만으로도 설교 한 편을 할 수 있을 정도로, 이 안에는 엄청난 의미가 담겨 있다. 하나님이 '창세전'에 우리를 택하셨다는 것은 하나님이 우리의 행위나 어떠함을 보고 택하신 것이 아니란 의미이다.

이 말씀을 읽는데 예레미야서의 한 구절이 생각났다.

여호와의 말씀이 내게 임하니라 이르시되 내가 너를 모태에 짓기 전에 너를 알았고 네가 배에서 나오기 전에 너를 성별하였고 너를 여러 나라의 선지자로 세웠노

라 하시기로 렘 1:4,5

하나님은 예레미야에게 지도자로서의 사명을 맡기신다. 이 놀라운 일에 예레미야는 어떻게 반응하는가?

내가 이르되 슬프도소이다 주 여호와여 보소서 나는 아이라 말할 줄을 알지 못하나이다 하니 렘 1:6

이 모습이 바로 우리의 모습 아닌가? 하나님은 확신을 가지고 우리에게 사명을 주시는데, 정작 우리는 자기 자신에 대한 확신이 없다. 그러다 보니 확신을 가지고 사명을 주시는 하나님의 말씀 앞에 "나는 못합니다. 나는 그런 일을 할 사람이 못됩니다. 나는 초라한 인생입니다"라고밖에 반응하지 못하는 것이다.

예레미야는 왜 이런 초라한 고백을 하게 되었을까? 하나님께서 자기가 가진 그 무엇을 보고 부르신 줄로 오해했기 때문이다. 예레미야는 "내가 너를 모태에 짓기 전에 너를 알았고 네가 배에서 나오기 전에 너를 성별하였고 너를 여러 나라의 선지자로 세웠노라"라는 하나님의 말씀을 간과했다. 이것은 오늘날 우리도 마찬가지이다.

하나님이 만약 나를 향해 '네가 모태에 있기 전부터 내가 너를 택했다'라고 말씀해주시지 않고, '네가 초등학교 다닐 때 보여준 탁월한 리더십을 보고 너를 택했다'라거나 '학교 다닐 때 전교 1등을 놓치지 않는 모습을 보고 너를 지도자로 택했다'라고 하셨다면, 나는 지금 분당우리교회의 담임목사로 서 있지 못했을 것이다.

내게 임한 은혜가 무엇인가? 하나님은 나의 내면에 잠재되어 있는 리더십이나 아이큐나 실력으로 나를 택하신 게 아니다. 오직 은혜로, 창세전에 나를 택하셨다. 아무 이유 없이 거절당하고 가슴 찢어지는 상처를 당하는 것이 세상이라면, 아무 이유 없이 싸매어주시고 선택해주시는 은혜가 하나님의 사랑이다.

언젠가 헨리 나우웬의 책을 보면서 굉장히 슬펐던 적이 있다. 어릴 때부터 세상이 우리에게 던지는 메시지는 한결같이 조건적이라는 것이다.

"너는 사랑받을 수 없다. 너는 쓸모없는 인간이야. 누가 너 같은 걸 사랑하겠어? 그러니 열심히 공부하란 말이야. 명문 대학에 들어가면 사람들이 그것 때문에 너를 사랑할지 모르지."

그 책에 나온 이런 요지의 글을 읽으며 마음이 아팠던 것은, 이것이 부인할 수 없는 현실이기 때문이다. 더군다나 이런 세상의 메시지가 부모의 입을 통해 전해지고 있다는 것이다.

"네가 예쁘기를 하니? 성격이 좋기를 하니? 공부라도 잘해야 될 것 아니냐?"

다른 사람도 아닌 부모가 이런 세상의 메시지를 주는 것이다. 우리 역시 어릴 때부터 들어 세뇌된 메시지가 바로 이런 것들이다. 그 상처가 치유되지 않으니 또 우리 자녀들에게 똑같은 상처를 전수하고 있는 것이 가슴 아픈 현실이다.

많은 사람들이 왜 그렇게 돈을 벌기 위해 혈안이 되어 있는가? 내가 이민 생활할 때 보니 흑인들 중에 유난히 굵은 금목걸이에 집착하는 경우가 많았다. 굵은 금목걸이를 몇 줄씩 목에 걸고 다니기도 한다. 사실 대부분 다 가짜이다. 가짜 금을 목에 걸어서라도 과시하고 싶은 것이다. 그리고 흑인들은 대형 승용차를 좋아했다. 다 망가져가는 중고라도 엔진이 큰 대형 자동차를 끌고 다니려고 한다.

지금 생각해보면 어릴 때부터 받아온 상처 때문에 비롯된 결과인 것 같다. 흑인으로 태어났다는 죄 아닌 죄 때문에 어릴 때부터 받아온 상처로 자존감이 낮아진 탓이다.

"너 같은 흑인을 누가 좋아하겠니? 누가 너를 인정하겠어? 혹시 네가 비싼 금목걸이를 목에 걸고 큰 자동차를 끌고 다니면 사람들이 그것 때문에 너를 사랑해줄지 모르지."

이런 생각을 하면 가슴이 아릿하다. 그런데 이런 현상은 비단 흑인에게만 있는 것이 아니다. 누구에게나 있다. 어릴 때부터 이런 조건적인 사랑에 익숙해져 있는 것이 부인할 수 없는 우리의 현실이다.

이런 가련한 인생을 향해 하나님은 말씀하신다.

'애야, 너무 애쓰지 말거라. 공부 못해도 괜찮아. 설교 못해도 괜찮아. 나는 그냥 네가 좋아. 나는 너의 존재 자체로 좋아.'

이것이 창세전에 나를 택했다는 말씀의 의미이다. 우리 어른들이

먼저 치유되어야 한다. 우리가 어릴 때부터 부모에게 받았던 거절
감이 치유되지 않으면, 이 상처의 쓴뿌리가 자녀들에게 전수된다.
가계에 흐르는 저주라는 것은 없다. 하지만 부모로부터 전수된 상
처는 흘러갈 수 있다.

본문을 묵상하다가 문득 떠오른 찬송이 있다.

오 놀라운 구세주 예수 내 주 참 능력의 주시로다
큰 바위 밑 샘솟는 그곳으로 내 영혼을 숨기시네
메마른 땅을 종일 걸어가도 나 피곤치 아니하며
저 위험한 곳 내가 이를 때면
큰 바위에 숨기시고 주 손으로 덮으시네

_새찬송가 391장

나는 버려진 존재가 아니란 것이다. 자격이 없는데도 불구하고
나를 택해주신 하나님, 나와 관계를 맺어주시고 내 상처를 치유해
주신 하나님, 그 하나님께서 오늘도 나를 돌보고 계신다. 자격 없
는 나를 불꽃같은 눈동자로 지켜보시면서 내가 위험한 상황에 처
하면 큰 바위에 숨기시고 주님의 손으로 덮어주신다. 이것을 경험
하는 것이 신앙생활이다. 바울이 감옥에서 그렇게 "찬송하라"라고
외칠 수 있었던 이유를 알 것 같았다.

거절감을 덮는 택하심의 은혜

모세를 보라. 모세는 어머니 태중에서부터 거절감을 경험한 사람이다. 모세가 태어날 무렵 애굽 왕의 명령으로 히브리인은 남자아이를 낳으면 무조건 죽여야 하는 상황이었다. 그러니 산모가 열 달 내내 얼마나 불안했겠는가? 그것이 고스란히 태아에게 전달되었을 것이다. 그 상태에서 모세가 태어났는데 누구도 환영하고 축복하는 분위기가 아니었다. 전부 걱정하고 수심에 가득 찬 모습이었다. 그리고 일부러 그런 것은 아니었지만, 그의 어머니는 갓난아기인 그를 버렸다. 모세의 거절감이 얼마나 컸겠는가?

우여곡절 끝에 왕실로 들어갔는데, 정신을 차려보니 자기는 애굽 사람이 아니라 히브리 사람이란다. 정체성에 얼마나 큰 혼란이 왔을 것이며, 쫓겨날지도 모른다는 두려움이 얼마나 컸겠는가?

그런 혼란 속에서 마흔 살이 되었는데, 자기 동족에게서도 버림을 받는다. 어느 날 우연히 자기 동족 히브리 사람을 괴롭히는 애굽 사람을 보고는 의협심에 그를 죽이고 모래에 감췄는데, 다음날 나와 보니 동족끼리 싸우고 있었다. 그래서 모세가 잘못한 사람을 나무라자 그가 이렇게 말했다.

그가 이르되 누가 너를 우리를 다스리는 자와 재판관으로 삼았느냐 네가 애굽 사람을 죽인 것처럼 나도 죽이려느냐 출 2:14

비록 애굽 사람들과 같이 살아도 자기는 히브리 사람이라는 정체성을 가지고 있었는데, 자기 동족에게서 거절을 당한 것이다. 모세의 거절감의 상처가 얼마나 컸겠는가? 성경에 보면 이때 모세가 두려워했다고 한다.

모세가 두려워하여 이르되 일이 탄로되었도다 출 2:14

그길로 도망하여 미디안 광야에 들어가 40년을 지낸다. 거절감을 가지고 광야에 숨어버린 것이다. 그런 상처 많은 모세를 하나님이 찾아주신다. 그리고 예레미야 때와 똑같이, 자격 없는 모세에게 놀라운 사명을 맡기신다. 이스라엘을 출애굽 시키는 일에 사용하시겠다는 것이다. 나 같았으면 좋아서 난리가 났을 것이다. 민족을 살리는 놀라운 일을 나를 통해 하시겠다니 얼마나 영광스러운가? 그런데 모세는 하나님께서 주시는 놀라운 사명을 거절한다. 무려 다섯 번이나 거절한다. 거절감이 있는 사람의 특징이다.

이 부분을 읽다가 문득 깨닫고 감동이 되는 부분이 있었다. 만약 하나님 역시 거절감의 상처가 있으셨다면 모세는 벌써 죽었을 것이다. 그분의 놀라운 제안을 다섯 번이나 거절하는 모습에 짜증이 나서 능지처참에 처했을 것 같다. 그런데 감사하게도 하나님께서는 끊임없이 자신의 제안을 거절하는 모세를 끝까지 받아주셨다.

이 구절을 읽으면서 더 말이 안 된다 싶었던 것이, 모세가 "나는 말을 잘하지 못합니다"라고 말하자 하나님이 말 잘하는 아론을 붙여주시겠다고 하는 장면이다. 하나님은 왜 이렇게 복잡하게 일하시는가? 그냥 말 잘하는 아론을 쓰시면 될 것 아닌가? 그런데도 하나님은 말 잘하는 아론을 어눌한 모세에게 붙여주시면서까지 자격 없는 모세를 붙잡으신다.

여기에서 하나님이 의도하시는 게 무엇인가? 모세가 있어야만 하나님이 이스라엘 백성을 인도하실 수 있어서가 아니다. 하나님의 초점은 모세 자체에 있으셨다. 그 내면의 뿌리 깊은 거절감을 치유해주시는 과정이 다섯 번에 걸친 하나님의 사랑의 권유였다. 모세는 그 하나님의 치유를 경험했다.

그렇게 불안하고 두려워하던 모세가 거절감이 치유된 후에는 이스라엘 백성에게 뭐라고 이야기하는가?

너희는 강하고 담대하라 두려워하지 말라 그들 앞에서 떨지 말라 신 31:6

백성들에게 이렇게 권면할 수 있는 힘은 어디에서 생긴 것일까?

이는 네 하나님 여호와 그가 너와 함께 가시며 결코 너를 떠나지 아니하시며 버리지 아니하실 것임이라 하고 신 31:6

백성들에게 두려워하지 말라고 권면할 수 있었던 힘은 모세 자신이 경험했던 하나님의 택해주심의 은혜에서 나왔다. 자기가 가진 그 무엇을 보고 택하신 것이 아니라, 자격 없는 자에게 주시는 선물인 은혜로 다가오시는 하나님을 경험하고 나자 모세 내면의 상처가 치유되었다.

나는 우리 모든 크리스천들뿐 아니라 특별히 이 나라의 지도자들에게 모세에게 임한 이 은혜가 있기를 기도한다. 지도자에게 피해의식과 거절감이 있으면 사람들을 다치게 한다. 교회도 마찬가지다. 목회자에게 거절감의 상처가 있으면 성도들을 다치게 한다.

그리고 나는 아버지와 남편들에게, 어머니와 아내들에게 어릴 때부터 받아온 거절감이 치유되는 은혜가 있기를 기도한다. 부모의 상처가 치유되지 않으면 가장 사랑하는 자녀들에게 이 쓴물이 전수되기 때문이다. 그렇기 때문에 우리 부모들은 절박하게 이 은혜를 구해야 한다. 모세처럼 하나님의 치유가 일어나는 은혜가 있기를 진심으로 바란다.

둘째 복, 양자 삼아주신 은혜

바울이 만난 두 번째 신령한 복은 하나님의 '양자 삼으심'이다.

> 그 기쁘신 뜻대로 우리를 예정하사 예수 그리스도로 말미암아 자기의 아들들이
> 되게 하셨으니 엡 1:5

여기서 '아들들이 되게 하셨다'는 표현은 영어로 'adoption', 다시 말해 '입양'을 말한다. 나는 미국으로 이민 가면서 비행기를 처음 타 보았다. 설레는 맘으로 비행기를 탔는데 주변에서 아이들 우는 소리가 얼마나 많이 나는지 시끄러워서 혼났다. 웬 아이들이 이렇게 많은가 봤더니, 홀트아동복지회를 통해 미국으로 입양되는 아이들이 탔기 때문이라고 한다. 당시는 한국에서 미국으로 입양되어 가는 아이들이 엄청나게 많던 때였다.

생각해보면 미국 사람들이 참 대단한 것이, 입양 자체도 귀하지만 일부러 장애를 가진 아이들을 입양하기 원하는 경우가 많다는 것이다. 개인적으로 아는 목사님이 그 시절에 입양되어 가는 아이를 미국 부모에게 인계해준 적이 있는데, 그때 이야기를 들려주면서 울먹거리셨다. 아이를 입양할 미국인 양부모를 공항에서 만났는데, 아이를 보자 그 양부모가 울더라는 것이다. 예쁘지도 않고 사랑스럽지도 않은 동양 아이, 게다가 장애가 있는 그 아이를 입양하면서 감격하여 울더라는 것이다.

나는 이 장면에서 하나님의 모습을 발견한다. 하나님은 자격 없는 우리를 입양해주시되, 이보다 더한 감격으로 우리를 입양해주셨다. 본문을 보면 입양을 하는 주체가 누구인지가 나와 있다.

"(하나님이) 그 기쁘신 뜻대로 우리를 예정하사."

주체가 하나님이시다. 하나님께서 창세전에 이미 작정하셨다. 입양되는 아이가 부모를 직접 고르는 것이 아닌 것처럼, 하나님께서

주도적으로 우리를 선택하신 것이다. 이 은혜, 양자 삼으심의 은혜
가 우리에게 임했다. 거절감으로 상처 받은 우리의 영안이 열려 나
같은 존재를 양자로 삼아주신 하나님의 은혜의 감격을 회복하는
우리 모두가 되기를 바란다.

아직 연약할 때에 부어진 아버지 사랑

로마서 5장에 이런 말씀이 있다.

우리가 아직 연약할 때에 기약대로 그리스도께서 경건하지 않은 자를 위하여 죽
으셨도다 의인을 위하여 죽는 자가 쉽지 않고 선인을 위하여 용감히 죽는 자가
혹 있거니와 우리가 아직 죄인 되었을 때에 그리스도께서 우리를 위하여 죽으심
으로 하나님께서 우리에 대한 자기의 사랑을 확증하셨느니라 롬 5:6-8

'우리가 아직 연약할 때에'라는 표현은, 우리가 육체적으로 연약
할 때를 말하는 것과 동시에 도덕적, 영적으로 소망이 없고 무기력
하던 상태를 말한다. 내가 하나님의 사랑을 받을 마음의 준비가 안
되어 있던 때, 하나님을 거절하고 교회는 근처에도 가기 싫었던 그
상태에서 나를 선택하시고 양자 삼아주셨다는 것이다.

우리 교회에 다니게 된 어느 불교 신자의 간증이다. 그 분이 남편
과 함께 사업을 하는데 자꾸 망했다고 한다. 세 번에 걸쳐 망하고
나니 그 가정은 완전히 주저앉게 되었고, 남편은 가족을 두고 중국

으로 피신해버렸다. 그렇게 남편과 연락이 두절된 지가 5년이라고 한다. 주부가 남편도 없이 아이들을 데리고 살다 보니, 전기도 가스도 끊어질 정도로 경제적인 어려움에 시달리고 있었다.

그러던 어느 날 분당우리교회 복지재단이라고 하면서 전화 한 통이 왔다고 한다. 교회에 대해 나쁜 선입견을 갖고 있던 그 분은 다음 말은 들어보지도 않고 "교회요? 나는 교회 안 다녀요!" 하고는 매몰차게 전화를 끊어버렸다. 알고 보니, 우리 교회의 복지재단 직원이 자기 딸을 통해 그 가정의 사정을 듣고 도와주려고 전화를 걸었던 것이다. 고맙게도 그 직원은 그대로 포기하지 않고 집에까지 찾아가 이야기도 들어주고, 여러 가지 도움을 베풀고, 신용을 회복할 수 있도록 우리 교회에 다니는 변호사도 소개해주었다고 한다.

아무리 도움을 주었다고는 하나 교회에 마음이 닫혀 있던 그 분이 어떻게 교회에 다니게 되었는가 하니, 그렇게 연결된 변호사가 무슨 서류를 떼서 주일에 교회로 가지고 오라고 했다고 한다. 도움을 주겠다는 변호사가 주일에 교회로 오라니 어쩔 도리 없이 교회로 갔다.

그런데 놀라운 일이 일어났다. 교회 로비에서 변호사와 만나 이야기를 나누는데, 스피커를 통해 설교가 들리더란다. 일부러 들으려고 들은 것이 아니라 들리니 어쩔 수 없이 들었는데, 그 분이 자기도 모르게 예배당 안으로 들어갔다고 한다. 그러고 나서 일어난 일은 그 분이 직접 쓴 글을 인용해보자.

이미 예배는 한창 진행 중이라 문이 닫힌 본당에 사람 찾으러 왔다고 둘러대고 막무가내로 들어가 15분 동안 뒤에 서서 들었다. 목사님 말씀이 하나님 말씀으로 다가왔다. 뼛속까지 와 닿았다. 순간 머릿속에 수많은 죄가 떠올랐다. 철없던 시절 낙태했던 것이 죄였다는 것을 그제야 깨닫고 회개했다. 몰라서 그랬다고, 사는 게 급급해서 그랬다고 하나님께 마음으로 무릎을 꿇었다.

정말 놀랍고 기가 막힌 이야기 아닌가? 설교를 수십 년 들어도 뼛속은커녕 피부에도 와 닿지 않는 사람이 많은데, 신용불량 문제를 해결하려고 왔던 그 분은 15분 만에 하나님의 말씀이 뼛속까지 와 닿았다고 했다. 그렇게 하나님을 만나자 아주 오래전 낙태했던 것이 죄였음을 깨닫고 회개하기 시작했다. 그렇게 그 분에게 복음이 찾아왔다. 계속 인용해보자.

뜻대로 되는 게 하나도 없고, 이상하게 안 되었던 게 이해가 되었습니다. 고생이 이렇게 빛이 될 줄 몰랐네요. 하나님, 감사합니다. 저를 이렇게 고생시켜주셔서….

이 인터뷰를 했던 기자는 이런 소회를 남겼다.

그렇게 고백하던 그 분의 눈가에 이슬방울이 맺혔다. '고생시키신 하나님께 감사하다니, 이 말이 무슨 말일까?' 그렇게 생각하는 기자에게 자신을 하나님 아버지 앞으로 오게 하기 위해 그 고생시키셨을 때 정작 그 하나님의 마음은 얼마나 아프셨을까 하며 눈물을 삼키며 말을 한다. 철들어 아버지의 마음을 이해하는 자식처럼.

이사야서 40장 1절에 이런 말씀이 기록되어 있다.

너희의 하나님이 이르시되 너희는 위로하라 내 백성을 위로하라 사 40:1

이 말씀의 배경은 이렇다. 이사야서 1장부터 39장에 이르기까지 악하고 패역한 이스라엘을 향한 하나님의 쓴 마음이 쏟아져 나오고 있었다. 그런데 징계의 말씀이 잔뜩 담긴 39장까지의 말씀이 끝나자마자 하나님이 이렇게 말씀하신 것이다.

"너희는 위로하라, 내 백성을 위로하라."

자기 백성의 죄악을 두고 볼 수 없어서 징계하시지만, 분노하고 미워서 징계하시는 것이 아니라 죄를 치유하기 위해 어쩔 수 없이 징계하셨던 아버지의 마음이 이 말씀 안에 고스란히 담겨 있다.

우리가 그 아버지의 마음을 알아야 한다. 그리고 그 아버지에게로 돌아가야 한다. 그 아버지가 우리를 택하셨다.

IDENTITY

에베소서 1장 7절

우리는 그리스도 안에서 그의 은혜의 풍성함을 따라 그의 피로 말미암아 속량

곧 죄 사함을 받았느니라

chapter 0**4**

은혜의 풍성함이 넘친다

독이 담긴 메시지

몇 해 전에 흥미로운 기사를 본 적이 있다. 일반적으로 여학생이 남학생보다 수학에 약하다는 것이 거의 정설처럼 여겨져왔다. 그리고 실제로 2005년부터 2009년까지 수능시험에서 수리영역 1등급을 받은 학생을 분석해보면, 남학생이 62퍼센트, 여학생이 38퍼센트로 격차가 꽤 크다고 할 수 있다. 이 기사는 왜 이런 결과가 나왔는지에 집중했다.

지금까지는 태어날 때부터 여성들은 수리나 논리에 약하고, 그때문에 남학생들이 수학을 더 잘한다고 알려져왔다. 그런데 그 기사를 보니 그게 아니라고 했다. 미국 시카고대학교 심리학과의 수전 레빈 교수 연구팀은 여학생이 수학에 약한 것은 선천적으로 그렇게 타고나서 그런 것이 아니라 어린 시절부터 여 선생님들이 던져준 메시지 때문이라고 주장했다.

"너희들은 남학생들보다 수학을 못해."

그렇다면 그 여 선생님들은 왜 그런 메시지를 전한 것일까? 그들 자신도 어린 시절부터 그런 메시지에 세뇌되어왔기 때문이다.

이와 비슷한 연구 결과가 또 있는데, 미국 빌라노바대학교의 연구팀이 발표한 것이다. 세계 69개국 49만 명의 청소년들을 대상으로 조사해보니, 남녀평등이 많이 진행된 나라일수록 남녀 간의 수학 실력 차이가 적었다고 했다.

이 기사를 읽으며 나는 이 원리가 우리 삶에도 그대로 적용되겠다는 생각을 했다. 그 무렵 나는 《하나님의 사랑이 흘러넘치는 삶》이란 책을 늘 가지고 다녔는데, 사무실에 오면 그 책을 눈에 띄는 곳에 올려두고 자주 쳐다보면서 그 책의 제목을 독백해보곤 했다. 어떤 의미에서는 그 책의 제목처럼 '하나님의 사랑이 흘러넘치는 삶이 나의 삶이다'라는 자기암시를 걸기 위해서였는지도 모른다.

목회를 하는데 마른 수건 짜듯이 쥐어짜서 나오는 것이 아니라 내 안에서 흘러넘치는 사랑이 있기 때문에, 애쓰지 않아도 그 사랑이 저절로 성도들에게 흘러가기를 바라는 마음에서 한동안 그 책을 가지고 다니며 나 스스로에게 메시지도 던지고, 또 그렇게 해달라는 기도도 하곤 했다.

우리의 잔이 작다

내가 이렇게 하게 된 것은 에베소서를 묵상하면서부터이다. 에베소서를 계속 읽다 보니 반복되는 몇 가지 단어가 발견됐다. 그중 하나가 '풍요', '풍성'이란 단어이다.

> 우리는 그리스도 안에서 그의 은혜의 풍성함을 따라 그의 피로 말미암아 속량 곧 죄 사함을 받았느니라 이는 그가 모든 지혜와 총명을 우리에게 넘치게 하사
>
> 엡 1:7,8

이와 비슷한 말씀이 시편 23편 5절에도 나온다.

> 주께서 내 원수의 목전에서 내게 상을 차려 주시고 기름을 내 머리에 부으셨으니 내 잔이 넘치나이다 시 23:5

나는 이 말씀을 묵상하면서 종종 이런 상상을 해본다. 나의 내면세계에 하나님이 부어주시는 은혜와 사랑이 넘치고 넘쳐서 내 주변 사람들을 풍성하게 해주는 그런 상상 말이다.

맥스 루케이도가 쓴 《짐을 버리고 길을 묻다》라는 책을 보면, 다윗은 "내 잔이 넘치나이다"라는 표현을 통해서 하나님이 우리에게 주고 싶어 하시는 복이 너무나 크고 놀라운 반면, 우리는 그 복을 담기에 너무 작은 마음의 잔을 가지고 있다는 것을 이렇게 표현한

것이라고 한다.

　그 책에 나오는 웃기는 이야기가 하나 있다. 미국 캘리포니아 주에서 있었던 이야기라고 한다. 어떤 친구 둘이서 바다낚시를 갔다. 고기가 얼마나 많은지 낚싯대를 던졌다 하면 고기가 미끼를 물었다. 우리가 아는 상식으로는, 큰 물고기를 잡으면 가져온 통에 담아놓고 작은 것들을 잡으면 도로 풀어주는 법인데, 친구를 보니 반대로 하고 있었다. 큰 고기가 잡히면 다 보내주고 손바닥만 한 작은 고기가 잡히면 통에 담더란다. 그래서 다른 친구가 물었다.

　"아니, 자네는 다른 사람들하고 다르네. 보통은 큰 고기가 들어오면 취하고 작은 고기가 오면 방류시키는데 왜 반대로 하는가?"

　그랬더니 그 친구가 웃으며 이렇게 이야기하더란다.

　"별 것 아니야. 사실 우리 집에 프라이팬이 작은 것밖에 없어서." 정말 웃기는 대답 아닌가? 집에 작은 프라이팬밖에 없어서 작은 고기만 골라 통에 담는 그 모습을 상상하니 저절로 웃음이 나왔다. 그런데 그 이야기를 들으면서 이런 생각을 했다.

　'참 웃긴 이야기인데, 이게 우리 모습이구나.'

　우리는 예수님을 믿는 크리스천이 누리는 풍요로운 은혜에 대해 얼마나 많은 간증을 듣는가? 그런데 그런 놀라운 간증을 통해 감동 받으면서도 그런 놀라운 이야기는 자기에게 해당되지 않는 이야기라 치부해버린다. 아무리 은혜로운 간증이라도 '저건 내 얘기가 아니야. 나에게 저런 일은 일어날 수 없어'라고 잘라버리면 그 은혜로운 간증이 무슨 소용이 있겠는가? 이런 모습이 프라이팬이 작기 때문에 큰 물고기는 다 놓아주고 작은 물고기만 잡는 것과 같은 모습 아닌가.

강대상에 서서 주님의 은혜가 얼마나 풍성한지를 아무리 흥분하며 이야기해도 그것을 자기 것으로 취하지 않고 그대로 흘려버리는 사람이 많다는 것을 나도 알고 있다. '아이고, 목사님이 오늘 흥분하셨네' 하고는 끝이다. 너무나 안타까운 일이다. 나는 내가 예수 그리스도 안에서 누리고 있는 풍성함을 우리 모든 성도들에게 마음껏 전하고 또 함께 누리기를 원한다. 하나님은 지금도 우리가 이 땅에서 풍성한 삶을 누리기를 원하신다.

오늘을 이기는 풍성한 은혜

본문 에베소서 1장 7절을 우리말 성경으로 보면 "속량 곧 죄 사함을 받았느니라"라고 하면서 이 부분을 과거형으로 표현했는데, 이는 옳은 표현이 아니다. 원어로 보면 이 부분은 현재형으로 되어 있으며, 영어성경도 "In him we have redemption"이라는 현재형을 쓰고 있다.

물론 구원에 과거적인 요소가 있는 것은 사실이다. '내가 무슨 전도축제에서 예수님을 만났다, 무슨 수련회에서 은혜를 경험했다'라고 하는 것들이다. 그러나 본문에서 바울이 말하는 것은 구원의 현재적 성격을 표현한 것이다.

이것이 왜 중요한가? 현재 감옥에 갇혀 있는 바울에게는 미래에 완성될 구원, 죽어서 천국 갈 때 보장되는 구원도 필요하겠지만, 어려운 오늘의 현실 속에 역사하시는 하나님, 오늘 함께하시는 하나님이 더 절실하기 때문이다. 이는 오늘 우리도 마찬가지이다. 우리에게 필요한 것은 오늘 현재 우리가 겪고 있는 어려움을 이겨낼 수 있는 현재 주시는 은혜이다. 교회에 은혜가 떨어지면 현재가 약해진다. 옛날이야기만 하거나 막연한 미래, 요단강을 건넌 후에 주어질 은혜만 이야기하게 된다.

미래의 언젠가 완성되어 임할 은혜를 지금 이 시점에서 맛보게 하는 것이 바로 성령님의 역사이다. 바울은 지금 감옥에 갇혀 있다. 그런데도 그 안에서 누리는 하나님의 은혜가 얼마나 풍요로운가? 예수님은 요한복음에서 주님의 은혜에 대해 이렇게 말씀하셨다.

도둑이 오는 것은 도둑질하고 죽이고 멸망시키려는 것뿐이요 내가 온 것은 양으로 생명을 얻게 하고 더 풍성히 얻게 하려는 것이라 요 10:10

주님의 은혜는 지금 현재 우리에게 흘러넘치는 은혜, 풍요로운 은혜이다.

요한복음 4장에 예수님이 수가성의 사마리아 여인을 만나시는 장면이 나온다. 그녀는 태생 자체로 손가락질 받는 사마리아 여인이었다. 애초에 사랑받을 수 없는 존재였다. 그녀의 인생은 또 얼마나 기구했는가? 한 번 결혼했는데 실패했다. 재혼했는데 또 실패했다. 세 번째 결혼했는데 또 실패했다. 이런 식으로 여러 차례에 걸쳐 가정이 깨지는 아픔을 겪었다. 지금 같이 살고 있는 남자와도 정상적인 가정을 이루지 못하고 있었다.

가슴 아픈 것은 이 여인에게 이런 식으로 마음의 거절감이 계속 쌓이자 대인관계에도 문제가 생겼다. 당시 우물은 물을 긷는 수단일 뿐만 아니라 지역사회의 커뮤니티를 형성하는 공동체적인 기능을 담당하기도 했다. 그런데 이 여인은 언제 물을 길으러 갔는가? 너무 뜨거워 사람들의 출입이 없는 한낮에 도둑고양이처럼 몰래 가서 물을 길어 왔다. 예수님은 그런 여인을 만나주시며 뭐라고 말씀하셨는가?

> 예수께서 대답하여 이르시되 이 물을 마시는 자마다 다시 목마르려니와 내가 주는 물을 마시는 자는 영원히 목마르지 아니하리니 내가 주는 물은 그 속에서 영생하도록 솟아나는 샘물이 되리라 요 4:13,14

예수님은 흘러넘치는 복을 그녀에게 주셨다. 이 놀라운 현재의 구원의 축복을 받고 그 여인은 어떻게 바뀌었는가? 사람 있는 데는 가지도 않던 그녀가 물동이를 내려놓고 사람들 사이로 뛰어 들어갔다. 가서 "내가 만난 예수님의 이야기를 들어보세요!"라고 외치며 주님이 주신 은혜에 감격해 전도하기 시작했다.

한번 생각해보라. 예수님을 만났다고 해서 그 여자의 환경이 바뀌었는가? 자기에게 손가락질하던 사람들이 호의적으로 바뀌었는가? 따지고 보면 외부적으로는 바뀐 게 하나도 없다. 그런데 내면에서 솟아오르는 감격, 현재 주시는 하나님의 은혜를 경험하자 자신감이 생겼다. 사람들이 손가락질을 하든 말든 '나는 변화되었다'라는 자신감이 생기자 더 이상 부끄럽지 않게 되었다.

성경에는 나와 있지 않지만 나는 그 이후로 이 여인의 삶이 어떻게 되었을지 상상해본다. 그녀의 삶이 얼마나 풍요로운 인생으로 바뀌었겠는가? 아마도 이사야 선지자가 말한 것처럼 '물 댄 동산 같은' 인생이 되었을 것이다.

여호와가 너를 항상 인도하여 메마른 곳에서도 네 영혼을 만족하게 하며 네 뼈를 견고하게 하리니 너는 물 댄 동산 같겠고 물이 끊어지지 아니하는 샘 같을 것이라 사 58:11

하나님은 우리 인생이 메마른 땅이 아니라 풍요로운 물 댄 동산 같을 것이라고 말씀하신다. 나는 우리 인생이 정말 이런 인생이 되기를 바란다. 풍요로운 인생, 현재 부어주시는 은혜로 흘러넘치는 인생이 되기를 바란다.

상황을 뒤덮는 풍성한 복음의 능력

현재에 부어주시는 은혜를 받아 누렸기 때문에 바울은 감옥 안에 있어도 여전히 기쁠 수 있었고 풍요로울 수 있었다. 앞에서 이야기한 것처럼, 에베소서에는 '풍요', '풍성'이란 단어가 참 많이 등장한다.

1장 7,8절 말고도 "너희 마음의 눈을 밝히사 그의 부르심의 소망이 무엇이며 성도 안에서 그 기업의 영광의 풍성함이 무엇이며"(엡 1:18), "그의 힘의 위력으로 역사하심을 따라 믿는 우리에게 베푸신 능력의 지극히 크심이 어떠한 것을 너희로 알게 하시기를 구하노라"(엡 1:19), "교회는 그의 몸이니 만물 안에서 만물을 충만하게 하시는 이의 충만함이니라"(엡 1:23), "긍휼이 풍성하신 하나님이 우리를 사랑하신 그 큰 사랑을 인하여"(엡 2:4), "이는 그리스도 예수 안에서 우리에게 자비하심으로써 그 은혜의 지극히 풍성함을 오는 여러 세대에 나타내려 하심이라"(엡 2:7), "모든 성도 중에 지극히 작은 자보다 더 작은 나에게 이 은혜를 주신 것은 측량할 수 없는 그리스도의 풍성함을 이방인에게 전하게 하시고"(엡 3:8) 등 다 열거할 수 없을 정도로 바울은 에베소서 전반에 걸쳐 흘러넘치는 풍성한 하나님의 은혜를 계속 노래하고 있다.

이것이 무엇을 말하는가? 바울은 지금 현실적으로 억울한 감옥에 갇혀 있다. 그런데 현재 부어주시는 복음의 능력이 이런 암울한 상황을 뒤덮어버렸다. 마음이 기쁘고 즐겁다. 상황과 여건은 너무

답답하고 가슴이 찢어질 듯 아프지만, 그럼에도 메마른 사막 같은 인생이 아니라 그런 어려움을 모두 상쇄하고도 남을 만큼 부어지는 은혜로 말미암아 물 댄 동산 같은 인생이 된 것이다.

전쟁에서 적군이 스커드 미사일을 쏘면 이쪽에선 패트리어트 미사일을 쏘면서 응수한다. 우리가 살다가 어려운 일을 당하고 원수들이 달려드는데도 아무런 방어도 할 수 없다면 그 인생은 얼마나 초라한 인생인가? 그때 필요한 것이 예수 그리스도의 샘솟는 은혜이다. 적의 공격에 응수할 수 있는 샘솟는 은혜, 그 풍요로운 하나님의 은혜를 받아 누려야 한다.

나는 이 땅의 모든 교회들이 물 댄 동산 같기를 기도한다. 에베소서 말씀처럼 "교회는 그의 몸이니 만물 안에서 만물을 충만하게 하시는 이의 충만함"(엡 1:23)이다. 교회는 그 자체로 풍성이요, 충만이다. 작은 교회라고 해서 빈곤하고 큰 교회라고 해서 충만한 게 아니다. 나는 이 땅의 모든 교회들이 교회에 부어주시는 하나님의 풍성을 마음껏 받아 누리기를 정말 간절히 기도한다.

우리가 어떻게 하면 하나님의 풍성한 은혜를 누릴 수 있는가? 세 가지로 정리해보자.

관계가 회복되어야 한다

첫째, 하나님의 은혜를 누리기 위해서는 '하나님과의 관계 회복'이 있어야 한다. 너무나 당연한 이야기이다. 7절을 다시 보자.

우리는 그리스도 안에서 그의 은혜의 풍성함을 따라 그의 피로 말미암아 속량 곧 죄 사함을 받았느니라 엡 1:7

여기서 '속량'이란 단어는 원래 상업적인 용어이다. 노예 제도가 있던 당시, 사람이 노예가 되는 경우가 세 가지 있었다. 첫째는 태생적으로 노예로 태어난 경우이다. 태어나 보니 부모가 노예였고 따라서 자연히 그도 노예가 되었다. 둘째는 전쟁에 패하여 적국에 포로로 끌려가는 경우이다. 셋째는 큰 빚을 지고 못 갚을 때 노예가 된다. 이렇게 되든, 저렇게 되든 한 번 노예가 되고 나면 신분이 변화되기가 어렵다. 노예 신분에서 벗어날 수 있는 길은 딱 하나이다. 그것은 누군가가 그 노예의 몸값을 지불하고 그 사람의 노예 문서를 찢어버리는 것이다. 이때 쓰이는 단어가 '속량'이다.

그런데 사실상 이런 경우는 거의 불가능에 가깝다. 어느 정신 나간 사람이 이유 없이 큰돈을 들여 노예를 구해주겠는가? 그런데 감옥에 갇혀 있던 바울은 자신의 신세를 한탄할 만한 환경에서 '속량'이란 단어를 떠올렸다. 누구도 자신을 구해줄 수 없는 상황이지만, 영안을 열고 보니 다윗의 말처럼 죄악 중에 잉태된, 태생이 어둠의 자식인 자신을 거룩한 빛이신 예수님이 속량해주셨음을 깨닫게 된 것이다.

'나는 어둠의 자식이고 그분은 빛이신데, 그분과 절대 섞일 수 없는 존재인데, 그런 나를 예수님이 속량해주심으로 이제 내가 빛의

자녀가 되어 하나님과 관계를 맺을 수 있게 되었구나.'

바울이 감옥에서 이 은혜를 깨달았다.

앞에서 시편 23편의 "내 잔이 넘치나이다"란 고백의 의미에 대해서 살펴보았는데, 맥스 루케이도는 이 구절을 제대로 이해하려면 그 시대의 풍습을 고려해야 한다고 설명했다. 시편 23편 5절에 보면 "주께서 내 원수의 목전에서 내게 상을 차려주시고"라는 구절이 나온다. 어떤 사람은 여기 나오는 '상'을 상장을 받는다고 할 때의 '상(賞)'으로 오해하기도 하는데, 여기서 말하는 상은 '밥상'을 뜻한다. 즉 하나님이 원수 앞에서 밥상을 차려주신다는 것이다.

고대 풍습에서는 누군가의 집에 초대를 받았는데 그 주인이 의도적으로 잔이 흘러넘치도록 풍성하게 부어주면 그것이 친밀함을 표현하는 것이라고 한다. 우리나라에도 이런 문화가 있지 않은가? 먹는 양을 뻔히 알면서도 상다리가 휘어지도록 푸짐하게 차린다. 잔치는 풍성해야 한다고 믿고, 또 그것이 손님을 잘 대접하는 것이라고 믿기 때문이다. 그 당시의 풍습도 마찬가지였다. 잔이 넘치도록 부어주는 것으로 친밀감을 표현한 것이다. "내 잔이 넘치나이다"라는 말의 뜻은 이런 맥락에서 이해해야 한다.

그렇다면 시편 23편 5절의 고백은 무슨 의미이겠는가?

주께서 내 원수의 목전에서 내게 상을 차려주시고 기름을 내 머리에 부으셨으니 내 잔이 넘치나이다 시 23:5

하나님이 원수들에게 이런 메시지를 주고 계시다는 것이다.

"봤지? 나 얘랑 친해. 너 얘 건들지 마."

즉, 물질이 많아서 풍요로운 것이 아니라 하나님과 친밀하기 때문에 풍요로움을 말하는 것이다. 그래서 다윗은 이 시를 "여호와는 나의 목자시니 내게 부족함이 없으리로다"라는 고백으로 시작하고 있다. 창고에 곡식이 많아서 부족함이 없는 게 아니다. 하나님과의 관계가 회복되니까, 여호와가 내 목자가 되어주시니까 부족한 게 없다는 것이다.

사실, 다윗의 인생을 살펴보면 부족한 것이 많았다. 원수 같은 사울왕이 죽이려고 혈안이 되었기 때문에 사망의 음침한 곳을 헤매는 절망을 수없이 경험했다. 그런데 하나님과의 관계가 회복되자 원수 앞에서도 상을 차려주시며 잔이 넘치도록 부어주심으로 자신과의 친밀감을 선언해주시는 그 하나님의 은혜를 누리기 때문에 부족함이 없다는 것이다.

어려운 일을 당할 때마다, 이런저런 아픔이 있을 때마다 우리 모두가 잔이 넘치도록 부어주시는 하나님의 이 은혜를 경험하기를 바란다. 하나님이 친히 친밀감을 표현해주심으로 악한 것들이 '아, 이 사람은 창조주와 친한 사람이구나' 하며 우리를 함부로 대하지 않는 이 놀라운 특권을 누리기를 바란다.

감격이 회복되어야 한다

둘째, 우리가 하나님의 은혜를 누리기 위해서는 은혜에 대한 '감격 회복'이 있어야 한다. 이것이 풍성함을 누릴 수 있는 비결이다.

디모데전서 1장에서 바울은 이렇게 고백한다.

내가 전에는 비방자요 박해자요 폭행자였으나 도리어 긍휼을 입은 것은 내가 믿지 아니할 때에 알지 못하고 행하였음이라 우리 주의 은혜가 그리스도 예수 안에 있는 믿음과 사랑과 함께 넘치도록 풍성하였도다 미쁘다 모든 사람이 받을 만한 이 말이여 그리스도 예수께서 죄인을 구원하시려고 세상에 임하셨다 하였도다 죄인 중에 내가 괴수니라 딤전 1:13-15

그는 억울한 게 하나도 없었다. 인간적으로 보기에는 정말 억울하게 감옥에 간 것이지만, 그는 억울해하지 않았다. 안 들켜서 그렇지 자기는 어차피 '죄인 중에 괴수'라는 것이다.

나도 가끔씩 교통경찰에게 딱지를 떼일 때가 있다. 사실 '이 정도는 봐줄 수 있을 것 같은데' 하는 마음이 들면서 억울하기도 하다. 그런데 그럴 때 불쾌해지지 않는 비결이 있다. 그런 일이 있을 때 내 마음으로 하는 독백이 있다.

'안 들킨 게 훨씬 많지롱!'

이렇게 독백하고 나면 억울한 마음이 없어진다. 사실 하나하나 따져보면 알게 모르게 신호위반이나 속도위반을 하고서도 들키지 않은 순간이 얼마나 많은가?

목회를 하다 보면 억울한 일을 종종 당한다. 말도 안 되는 모함을 받을 때도 있다. 그럴 때면 정말 억울하다. 너무 억울한데, 그럴 때마다 이 독백을 되뇐다.

'안 들킨 게 훨씬 많지롱!'

아무리 따져보아도 안 들키고 은혜로 덮인 것이 더 많지, 억울한 게 더 많겠는가? 이것을 상기하고 나면 마음의 감격이 회복된다.

우리 교회의 어느 성도가 교회에 정착하기까지 이런 사연이 있다면서 들려준 이야기가 있다. 지금은 우리 교회가 기존 신자의 등록을 받지 않고 있지만, 그 이전에 있었던 일이다. 그 분이 교회에 등록을 하려니, 주변에 어떤 분이 자기는 하나님께 직접 계시를 받는데 분당우리교회에 가면 안 된다고 했단다. 분당우리교회에 등록하면 가난해지고 영이 어려워지고 몸이 약해진다나. 하나님의 계시라면서 거의 저주에 가까운 말들을 쏟아냈는데, 그 분은 그 말을 무시하고 우리 교회에 등록을 했다. 그런데 그 이유가 너무 감동적이다.

"은혜를 회복하는데 좀 가난해지면 어떻습니까? 구원의 감격을 회복하는데 몸 좀 상하면 어떻습니까?"

이분의 말씀에 내가 감동을 받았다. 구원의 감격을 회복하는 것이 돈 많이 버는 것보다, 몸이 건강해지는 것보다 더 중요하다는 원리를 알고 있었던 것이다. 우리에게도 이 감격이 회복되는 은혜가 있기를 바란다.

삶의 목적이 회복되어야 한다

세 번째로 '삶의 목적'이 회복될 때 우리 마음에 흘러넘치는 은혜를 누릴 수 있다.

바울은 하나님이 우리를 택하시고 양자 삼아주신 목적을 이렇게 기록한다.

우리에게 거저 주시는 바 그의 은혜의 영광을 찬송하게 하려는 것이라 엡 1:6

웨스트민스터 소요리문답의 제일 첫 번째 질문은 이것이다.

"사람의 제 일 되는 목적이 무엇입니까?"

질문에 이어지는 답은 이렇다.

"사람의 제 일 되는 목적은 하나님을 영화롭게 하고, 하나님으로 말미암아 영원토록 즐거워하는 것입니다."

앞에서 언급했던 아이티에서 지진이 났을 즈음에 놀라운 기사를 하나 봤다. 뉴질랜드 출신인 어느 유엔 직원의 이야기였다. 그 지진으로 딸 셋과 남편이 머물고 있던 호텔이 무너졌고, 유엔 사무실에서 근무하고 있던 젊은 아내는 위험을 무릅쓰고 가족이 머물던 호텔로 달려갔다.

무너진 건물 근처에서 "살려달라"는 울음소리가 들려왔다. 그것

은 분명 큰딸과 둘째딸의 목소리였다. '아직 살아 있구나' 하는 안
도감도 잠시, 두 딸을 구할 방도가 없었다. 커다란 건물 잔해를 치
울 수 없었기 때문이다. 절박한 심정에 맨손으로 흙더미를 파헤쳐
봤지만 역부족이었고, 그 사이에 두 딸은 숨지고 말았다.

남편도 잔해 속에서 숨진 채로 발견되었다. 그런데 그 와중에 두
살배기 막내딸도 함께 숨진 줄 알았는데 그 아기는 기적적으로 살
아 있었다. 남편의 시신 아래서 구조되었다. 언론은 호텔이 무너질
때 아버지가 온몸으로 막내딸을 품고 공간을 확보했던 것 같다고
보도했다. 그 기사의 타이틀이 이랬다.

"건물 무너져도 안 피한 남자⋯ 그의 품엔 막내딸이 있었다."

그 아버지는 충분히 피할 수 있었는데도 어린 딸을 살리기 위해
죽음의 길을 택했던 것이다. 나는 그 기사를 보면서 이런 생각을 했
다. 그 아이가 자라서 자기의 목숨이 아빠가 바꿔준 생명이란 것을
알게 되면, 그 아이는 어떤 인생을 살아가게 될까?

'어떻게 살게 된 인생인데, 시시하게 살아서야 되겠는가? 아빠가
자신의 생명과 바꾸어준 인생인데, 부끄럽지 않은 인생을 살아야겠
다.'

이런 사명감 같은 게 있지 않을까?

예수 그리스도의 십자가도 마찬가지 아닌가? 저주의 그늘 아래
서 신음하던 우리를 구해내시려고 십자가 위에서 그분의 죽음과 맞
바꾸어 얻은 생명이 우리이다. 목회를 하다가 나태하고 게을러질

때면 이런 주님의 책망의 음성이 들려온다.

'네가 그렇게 살라고 내가 십자가에서 너의 생명과 맞바꾼 줄 아느냐? 네가 그렇게 살라고 너 대신 죽어준 줄 아느냐?'

이 음성이 우리 모두에게 들리는 은혜가 있길 바란다.

몇 년 전에 《그 청년 바보 의사》란 책이 베스트셀러에 오랫동안 올랐다. 그 책을 보다가 마지막 부분에서 눈물이 핑 돌았던 기억이 있다. 결혼도 안 한 30대 초반의 청년 의사의 삶이 어떠했는지, 어떤 자세로 주변 사람들을 대했는지를 짐작하게 하는 짧은 이야기를 읽었기 때문이다.

그가 유행성 출혈열에 감염되어 사경을 헤맬 때, 그 병원 홈페이지 게시판에 '외과 중환자실 안수현을 위한 혈액을 구한다'는 공고가 떴다. 그러자 그 공고가 나간 지 하루 만에 지정 헌혈과 헌혈증이 업무가 마비될 정도로 많이 들어왔다고 한다. 이것이 무엇을 말하는 것인가?

어떤 삶이 풍요한 삶인가? 무엇이 흘러넘치는 삶인가? 통장에 돈을 쌓아놓고는 죽을 때까지 다 쓰지도 못하고 가는 것이 풍요로운 삶인가? 언젠가 내가 이 땅을 떠날 때, 내가 남긴 삶의 향기가 아름다워 남은 사람들이 나를 그리워하고 아쉬워하는 그런 삶이 진정 풍요로운 삶이라고 할 수 있지 않을까?

나는 이 땅의 모든 그리스도인들을 두 가지로 축복하고 싶다. 흘러넘치는 풍요로운 삶을 살기 바란다. 믿는 자로서 주변 사람들에게 그 풍요로움을 인정받는 인생이 되길 바란다.

그리고 뿐만 아니라 그 풍요로움을 가두어 두지 말고 흘려보내기 바란다. 유통하기 바란다. 한국교회가 욕을 먹는 이유는 이것이 안 되기 때문이다. 흘려보내야 한다. 자꾸 흘려보내야 한다. 우리로 말미암아 우리 주변이 형통의 복을 받아 풍성하게 누리게 되기를 바란다.

에베소서 1장 7-10절
우리는 그리스도 안에서 그의 은혜의 풍성함을 따라 그의 피로 말미암아 속량 곧 죄 사함을 받았느니라 이는 그가 모든 지혜와 총명을 우리에게 넘치게 하사 그 뜻의 비밀을 우리에게 알리신 것이요 그의 기뻐하심을 따라 그리스도 안에서 때가 찬 경륜을 위하여 예정하신 것이니 하늘에 있는 것이나 땅에 있는 것이 다 그리스도 안에서 통일되게 하려 하심이라

지혜와 총명으로 세상을 이긴다

방치하는 어리석음

2010년도에 일본 토요타 자동차의 대량 리콜 사태가 벌어졌다. 가속페달의 결함으로 전 세계 1,200만 대에 이르는 대량 리콜이 취해졌는데, 그 사건으로 토요타는 천문학적인 금액의 피해를 입었다. 뿐만 아니라 그 사건 발생 직후인 2010년 2월에는 시장 점유율이 12.8퍼센트까지 떨어지는 위기를 맞았다. 그런데 중요한 것은 그런 어마어마한 사태가 벌어지기 전에 그 일을 예측할 만한 일들이 많았음에도 막지 못했다는 것이다.

일례로 대량 리콜 사태가 벌어지기 몇 달 전, 샌디에이고 고속도로에서 차를 운전하던 한 남성이 911에 전화를 걸어 "가속페달이 말을 듣지 않는다. 고장 난 것 같다"며 다급한 목소리로 구조를 요청하는 중에 충돌을 일으켜 차에 타고 있던 4명이 전원 사망하는 사고가 발생했다. 그 이전에도 소비자가 가속페달에 문제가 있다고 신고한 적이 있었다. 그러나 그런 일이 있을 때마다 차량 문제가 아니라 운전자의 미숙함 때문이라고 얼버무리고 넘어갔는데, 그것이 화근이 되었다. 만약 회사 입장에서 초기에 발 빠르게 점검하고 대처했다면 이런 비극적인 사태는 막을 수 있었을 텐데, 방치하여 그런 일을 겪은 것이다.

사실 나도 그런 어리석은 경험을 한 적이 여러 차례 있다. 가장 생각나는 것은 오래전의 일인데, 무거운 짐을 내리다가 허리를 삐끗한 적이 있었다. 허리를 얼마나 심하게 다쳤는지 그날 밤에 다리를 뻗고 잘 수가 없어서 새우처럼 다리를 오므리고 잤다. 다음 날 바로 병원에 가서 조치를 취했어야 했는데, 얼마나 미련한지 '나는 잘 참는 사람이다'라는 자부심에 병원에 안 가고 참았다.

그렇게 얼마간 시간이 지나자 드디어 안 아프기 시작했다. '인내가 승리했다'는 생각을 하며 지나갔는데, 3,4년쯤 지나자 그 부분이 문제를 일으키기 시작했다. 주일날 설교를 하려고 강단에 서 있다 보면 예배가 끝나갈 때쯤이면 다친 허리 아래로 오른쪽 다리가 저려오기 시작했다. 때로는 오른쪽 발가락이 마비될 때도 있었다.

병원에 잘 안 가고 약 잘 안 먹는 것을 자랑으로 여기던 나도 더 이상은 안 되겠다는 생각이 들어 병원을 찾았다. 가서 엑스레이도 찍고 이런저런 검사를 하며 진단을 받아보니 상태가 생각보다 심각했다. 그후로 오랫동안 치료를 받으며 계속 이런 생각을 했다.

'아, 처음 다쳤을 때 바로 조치를 취했으면 좋았을 텐데…! 이런 미련한 짓이 어디 있는가?'

아마도 이런 식의 아쉬움과 후회를 경험해본 사람이 많을 것이다. 그때마다 우리는 문제를 방치하지 않는 것이 중요하다는 것을 뼈저리게 느꼈을 것이다.

감격이 식으면 위험하다

이것은 영적으로도 마찬가지이다. 깊은 영적 침체가 일어나기 전에 반드시 자각증세가 나타난다. 앞에서도 언급했지만 우리가 예수님을 영접하고 하나님과의 관계가 회복되면 우리 삶에 많은 변화가 일어난다. 신실하신 하나님께서 내 아버지가 되어주셔서 우리 삶에 '은혜의 풍성함'을 공급해주신다. 이 은혜의 풍성함이 얼마나 우리 가슴을 뜨겁게 하는지 경험해본 사람은 다 알 것이다. 바울처럼 감옥에서도 노래하고, 암과 투병하면서도 찬양하는 감격이 생겨난다. 그런데 문제가 있다. 이 기쁨과 감격이 영원히 계속되지 않는다는 사실이다.

시간이 지나면서 식을 것 같지 않던 기쁨이 없어지기 시작한다. 예배를 드려도 맨송맨송하고, 뜨거움도 없고, 전혀 감동도 없다. 어떤 때는 사라졌던 원망과 불평이 스멀스멀 되살아나기도 한다. 중요한 것은 이런 증상이 나타나기 시작할 때 뭔가 영적인 적신호가

울리기 시작했음을 감지해야 한다는 것이다.

내 안의 감격이 무뎌지기 시작할 때, 그것을 방치해서는 안 된다. 그것은 내가 삐끗한 허리를 방치해놓는 바람에 오래 고생했던 것처럼 어리석은 일이다. 방치해놓으면 일은 점점 더 커진다. 빨리 조치를 취해야 한다. 영적으로 기쁨과 감격이 사라지기 시작한다면, 얼른 심각한 상황이란 것을 감지하고 기쁨과 감격을 사라지게 하는 요인이 무엇인지 점검해야 한다. 이런 관점에서 본문 말씀을 살펴보자.

은혜는 구원의 기쁨으로 연결된다

우리는 그리스도 안에서 그의 은혜의 풍성함을 따라 그의 피로 말미암아 속량 곧 죄 사함을 받았느니라 엡 1:7

'은혜의 풍성함'이 임하면 그 은혜의 파이프가 어디로 연결되는가? 곧 구원의 확신, 구원의 기쁨으로 연결된다. 척추가 혈관을 눌러서 피가 통하지 못하는 일이 일어나지 않으면 다리가 저리는 일도 없고 몸도 가뿐하고 원활하다. 이처럼, 우리가 그리스도 안에서 영적인 눌림이 없을 때에는 자연스럽게 은혜가 구원의 확신과 기쁨으로 연결된다. 그래서 늘 죄 사함 받은 은혜로 인해 마음에 기쁨과 감사와 감격이 넘치게 되는 것이다. 바로 이 감격이 바울에게 있었다.

내가 전에는 비방자요 박해자요 폭행자였으나 도리어 긍휼을 입은 것은 내가 믿지 아니할 때에 알지 못하고 행하였음이라 딤전 1:13

바울이 이렇게 자기 치부를 드러낼 수 있는 용기는 어디서 나왔을까? 바로 이것이다.

우리 주의 은혜가 그리스도 예수 안에 있는 믿음과 사랑과 함께 넘치도록 풍성하였도다 딤전 1:14

바울이 자기 과거의 치부를 감추지 않고 드러낼 수 있었던 것은 그것을 뒤덮어버릴 정도로 풍성한 은혜의 감격을 경험했기 때문이다. '넘치도록 풍성하였도다'라는 고백은 물밀듯 밀려오는 은혜의 감격으로 바울 내면에 얼마나 큰 변화가 일어나게 되었는지를 내포하고 있다.

앞에서 교회에 반감을 가지고 있던 불교 신자였다가 변호사 만나러 온 교회에서 15분 설교를 듣고 변화를 경험했다는 분을 소개했다. 내가 관심을 가졌던 부분은 그 이후에 변화된 그 분의 삶이다. 그 분이 성남에서 국밥집을 운영한다고 한다. 우리 교회에서 발간되는 월간지 기자가 이분이 운영하는 국밥집을 방문하여 취재했던 적이 있다. 그 기자가 취재를 다녀온 후에 쓴 글이다.

하나님이 자신을 불러주신 것이 감사하고, 아버지라 부르게 하신 것이 감사하기만 하다는 ○○성도는 요즘 지나다니는 모든 사람이 예쁘게만 보인단다. 창문 너머 이삿짐을 보면 '이사 가는 저 사람, 좋은 데로 이사 가서 행복하게 해주세요'라고 기도한다. 지금은 테이블 4개 놓고 혼자서 운영하는 허름한 돼지 국밥집 사장님. 아침 10시에 열어 밤 10시까지 운영하지만 어떤 때는 밤 12시를 넘길 때도 있다. 고생해본 사람이 어려운 사람 형편 헤아릴 줄 안다. 그래서 ○○성도는 고단한 삶을 사는 손님들을 위해 기도하며 성미를 뜬다….

매일의 삶이 기쁨과 행복으로 변화되어 본인도 어려운 중에 있지만 더 어려운 사람들을 위해 끼니 때마다 성미를 떠 쌀을 모으고 있다는 것이다. 나는 이분의 모습에서 '넘치도록 풍성하였도다'라고 감격하는 바울의 모습을 발견한다.

구원의 감격이 지혜와 총명으로
이렇듯 '은혜의 풍성함'이 '구원의 감격'이라는 파이프로 연결되는 것이 중요한데, 그렇게 연결된 구원의 기쁨은 또 어디로 이어지는가? '지혜와 총명'으로 이어진다.

이는 그가 모든 지혜와 총명을 우리에게 넘치게 하사 엡 1:8

우리가 은혜의 풍성함을 누리면 그것이 구원의 감격으로, 환경을 초월한 기쁨으로 연결되고, 기쁨이 넘치는 정서적인 안정이 이루어지면 자연스럽게 지혜와 총명이 따라온다.

잠언은 "지혜가 제일이니 지혜를 얻으라 네가 얻은 모든 것을 가지고 명철을 얻을지니라"(잠 4:7)라고 한다. 그 정도로 지혜가 중요한데, 지혜와 관련하여 우리가 꼭 알아야 할 중요한 한 가지가 있다.

> 너희 중에 지혜와 총명이 있는 자가 누구냐 그는 선행으로 말미암아 지혜의 온유함으로 그 행함을 보일지니라 그러나 너희 마음 속에 독한 시기와 다툼이 있으면 자랑하지 말라 진리를 거슬러 거짓말하지 말라 이러한 지혜는 위로부터 내려온 것이 아니요 땅 위의 것이요 정욕의 것이요 귀신의 것이니 약 3:13-15

나는 이 말씀을 보고 깊은 생각에 빠졌다. 지혜에는 두 종류가 있는데, 하나님으로부터 오는 지혜가 있는가 하면 귀신이 주는 지혜도 있다는 것이다.

그렇다면 우리가 가지고 있는 지혜는 하나님께서 주신 지혜인지 귀신이 준 지혜인지를 어떻게 알 수 있나? 그 다음 구절을 보자.

> 시기와 다툼이 있는 곳에는 혼란과 모든 악한 일이 있음이라 오직 위로부터 난 지혜는 첫째 성결하고 다음에 화평하고 관용하고 양순하며 긍휼과 선한 열매가

가득하고 편견과 거짓이 없나니 화평하게 하는 자들은 화평으로 심어 의의 열매를 거두느니라 약 3:16-18

여기 보면 하나님이 주시는 지혜는 그 모양이 온유하다고 했다. 성결하고 화평하고 관용하고 양순하며 긍휼과 선한 열매가 맺힌다. 이에 반해 악한 영이 주는 지혜는 시기와 다툼과 편견과 거짓을 낸다. 이를 통해 우리는 하나님으로부터 오는 지혜인지, 귀신에게서 오는 지혜인지 구별할 수 있다. 이 두 지혜가 공존하며 서로 대결하는 곳이 세상이다.

지상 교회도 이 대결을 피할 수 없다. 오늘날 교회에서 일어나는 분열과 분쟁과 다툼은 대개 하나님에게서 오는 지혜와 귀신에게서 오는 지혜의 충돌이다. 모두가 자기 생각은 하나님으로부터 온 지혜이고 상대방의 생각은 악한 지혜라고 말하지만, 그 지혜의 결과로 분열과 분쟁과 다툼만 일어나고 양순과 온유가 나타나지 않는다면 그 지혜는 문제가 있는 것이다.

가만히 보면 지금 세상에 귀신의 지혜가 얼마나 번뜩이고 있는지 모른다. 몇 해 전, 우리 교회의 한 성도 부부가 필리핀으로 1년간 선교사님을 돕기 위해 나갔다. 그런데 어느 날 그 부모님에게 당신 아들이 필리핀에서 납치를 당했다는 전화가 왔다고 한다. 그 이야기를 들은 어머니는 혼비백산하여 난리가 났다. 알고 보니 보이스 피싱이었다. 부부가 좋은 일 하기 위해 필리핀에 간 것을 이렇게 악용한 것이다.

정신 차리지 않으면 우리는 악한 지혜자들에게 날마다 당할 수밖에 없다. 그렇기 때문에 우리에게는 하나님으로부터 오는 지혜가 필요하다. 그 지혜를 구하는 데 가장 중요한 것이 영적 혈류가 막히지 않아서 내 안에 구원의 기쁨과 감격이 정상적으로 흐르는 것이다. 그러면 지혜와 총명은 그 영적 파이프를 따라서 자연히 흐르게 되어 있다.

하나님의 지혜로 세상을 이겨라

한 교회를 담임하는 목사가 되고 보니, 목회란 것이 참 어렵고도 쉽다는 생각을 자주 하게 된다. 하나님께서 주시는 지혜, 그때그때 공급해주시는 신령한 지혜만 있으면 학력이 조금 딸려도, 공부를 못해도 목회하는 데 아무런 지장이 없다. 하지만 반대로, 아무리 고학력에 풍성한 지식을 갖추었다 하더라도 그때그때 공급되는 하나님의 지혜가 없으면 할 수 없는 것이 목회이다.

로마서 12장 21절을 보면 "악에게 지지 말고 선으로 악을 이기라"라고 말한다. 나는 이 말씀을 약간 의역하여 이렇게 말하고 싶다.

"하나님이 주시는 지혜로 악한 지혜를 이겨라."

하나님이 주시는 선한 지혜가 우리에게 공급되지 않으면 우리는 세상에서 날마다 패하고 꺾이고 수모를 겪을 수밖에 없다. 악한 세상 지혜를 뒤덮고도 남을 하나님의 지혜가 우리에겐 꼭 필요하다.

지혜가 없어서 우리가 얼마나 고생을 하는가? 아내를 위하고 격려한다고 했던 한 마디가 도리어 상처를 주는 결과를 가져올 때가 얼마나 많은가? 자녀는 엄하게 키워야 한다는 말에 매를 들었다가 생각지도 못한 부작용으로 가슴 아픈 일이 일어나고, 큰 아이에 대한 그 아픈 기억 때문에 둘째 아이는 오냐 오냐 하며 키웠다가 또 다른 차원의 아픈 결과를 빚는 게 우리가 하는 자녀 교육 아닌가? 이래도 안 되고 저래도 안 되는 것은 우리에게 신령한 지혜가 없기 때문이다.

그렇다면 이 지혜는 어떻게 얻는가? 성경은 이렇게 말한다.

> 여호와를 경외하는 것이 지혜의 근본이요 거룩하신 자를 아는 것이 명철이니라
> 잠 9:10

지혜는 하나님을 경외하는 데서 생긴다. 지혜는 하나님을 경외하고 의지하는 자들에게 주어진다. 내가 내 인생의 주인인 것처럼, 내가 우리 가정의 대장인 것처럼 기고만장하는 것은 지혜로운 일이 아니다. 하나님을 인정하고 두려워하는 것이 지혜이다. 고린도전서에 이런 말씀이 있다.

> 너희는 하나님으로부터 나서 그리스도 예수 안에 있고 예수는 하나님으로부터
> 나와서 우리에게 지혜와 의로움과 거룩함과 구원함이 되셨으니 고전 1:30

또한 골로새서 2장에는 이런 말씀이 있다.

이는 그들로 마음에 위안을 받고 사랑 안에서 연합하여 확실한 이해의 모든 풍성
함과 하나님의 비밀인 그리스도를 깨닫게 하려 함이니 그 안에는 지혜와 지식의
모든 보화가 감추어져 있느니라 골 2:2,3

척추가 혈관을 눌러 그 흐름이 원활하지 못하면 여러 가지 문제
가 생기는 것처럼, 우리 영혼의 피가 잘 통하지 않으면 아무리 교회
에 열심히 다녀도 소용없다. 하나님이 우리 안에 막혀 있는 은혜의
통로를 뚫어주셔야 한다. 그래서 구원의 감격이 회복되고, 마음이
기쁘고, 정서적으로 안정감을 누릴 수 있어야 한다. 그럴 때 그 결
과로 임하는 신령한 지혜와 총명으로 이 땅을 넉넉하게 살아갈 수
있는 것이다.

지혜와 총명의 균형

8절에 나오는 '지혜와 총명'을 원어로 살펴보면 더 깊은 의미를
발견할 수 있다. 여기서 '지혜'는 헬라어로 '소피아'이다. '소피아'는
인생의 궁극적인 문제에 대한 해답을 깨닫는 것을 말한다. 철학을
의미하는 '필라소피(philosophy)'가 여기서 파생된 단어이다.

그러므로 본문에서 말하는 '지혜'란 '인생의 궁극적인 문제에 대한
깨달음'을 의미한다. 즉, 영원의 세계, 혹은 죽음과 하나님에 대해

깊이 생각하면서 거기서 해답을 얻는 능력이 지혜라는 것이다. 그러니 눈에 보이는 돈만 좇아다니며 육신의 건강, 이생의 안위만을 추구하고 영적인 세계에 대해선 관심도 없고 무지하다면 지혜로운 사람이 아니다.

그런가 하면 '총명'은 헬라어로 '프로네세이'인데, 이는 '인간사에 대한 지식', 다시 말해 '인생의 현실적이고 실제적인 문제들에 대한 깨달음'을 뜻한다. 다시 말해, 지혜가 보다 더 본질적이고 궁극적인 문제에 대한 깨달음을 말한다면, 총명은 그 지혜를 실제적인 삶 속에 적용할 수 있는 능력을 말한다.

그런가 하면 LAB 주석은 지혜를 '하나님의 관점으로 인생을 보는 능력'이라고 정의하고, 총명은 '주어진 어떤 상황에서 올바른 행동을 취할 수 있는 분별력 혹은 통찰력'이라고 설명했다.

이 둘의 조화가 얼마나 중요한지 모른다. 깨닫기만 하면 뭐하는가? 삶 속에서 적용이 안 되는데 말이다. 지혜와 총명이 조화를 이룰 때 균형 있는 인생을 살 수 있게 된다.

지혜와 총명을 주신 이유

본문의 문맥을 더 살펴보면, 하나님이 우리에게 지혜와 총명을 주신 근본적인 목적이 있음을 알 수 있다. 8,9절을 다시 보자.

이는 그가 모든 지혜와 총명을 우리에게 넘치게 하사 그 뜻의 비밀을 우리에게

알리신 것이요 엡 1:8,9

　하나님이 우리에게 지혜와 총명을 주신 것은, 우리로 그리스도인답게 이 땅에서 넉넉하게 살아가게 하기 위해서이기도 하지만 사실 이것은 별책부록과도 같은 것이고, 보다 근본적으로는 어떤 비밀을 깨닫게 하기 위해서란 것이다. 그렇다면 그 비밀은 무엇인가?

　하늘에 있는 것이나 땅에 있는 것이 다 그리스도 안에서 통일되게 하려 하심이라 엡 1:10

　자, 이 말씀들을 찬찬히 순차적으로 정리해보자.
　첫째, 7절에 나오는 것처럼, '그의 은혜의 풍성함을 따라' 우리가 그의 피로 말미암아 구원받고 죄 사함을 받았다.
　둘째, 이렇게 구원 받은 하나님의 백성에게는 하나님이 주시는 특별한 '지혜와 총명'이 있다.
　셋째, 이렇게 하나님이 주시는 '지혜와 총명'을 회복하게 되면 세상 사람들이 알지 못하는 비밀, 곧 하나님이 계획하시고 꿈꾸시는 비밀을 알게 된다.
　마태복음 13장에 보면 예수님이 씨 뿌리는 비유를 들려주신다. 그때 제자들이 물었다.
　"어찌하여 그들에게 비유로 말씀하시나이까"(마 13:10).

그러자 예수님이 이렇게 대답해주셨다.

"천국의 비밀을 아는 것이 너희에게는 허락되었으나 그들에게는 아니되었나니"(마 13:11).

천국의 비밀은 모든 사람에게 다 공개된 것이 아니라는 것이다. 그러면서 이렇게 부연설명하셨다.

> 그러므로 내가 그들에게 비유로 말하는 것은 그들이 보아도 보지 못하며 들어도 듣지 못하며 깨닫지 못함이니라 이사야의 예언이 그들에게 이루어졌으니 일렀으되 너희가 듣기는 들어도 깨닫지 못할 것이요 보기는 보아도 알지 못하리라 이 백성들의 마음이 완악하여져서 그 귀는 듣기에 둔하고 눈은 감았으니 이는 눈으로 보고 귀로 듣고 마음으로 깨달아 돌이켜 내게 고침을 받을까 두려워함이라 하였느니라 그러나 너희 눈은 봄으로, 너희 귀는 들음으로 복이 있도다 마 13:13-16

하나님을 알지 못하는 사람들은 이 비밀을 알 수 있는 눈이 감겨 있는데, 은혜의 풍성함으로 지혜와 총명을 얻게 된 사람들에게는 이 비밀을 알도록 허락하셨다는 것이다.

그럼 세상 사람들이 알지 못하는 비밀, 하나님이 계획하시고 꿈꾸시는 비밀은 무엇인가?

> 하늘에 있는 것이나 땅에 있는 것이 다 그리스도 안에서 통일되게 하려 하심이라
> 엡 1:10

바로 이것이다. 신앙생활은 이 비밀스런 하나님의 꿈을 깨닫고, 그 하나님의 꿈을 마음에 품고 나아가는 것이다.

비밀을 아는 자가 누리는 기쁨

나는 세상 사람들이 알지 못하는 비밀, 원대하신 하나님의 이 비밀스런 꿈을 생각하며 벅찬 감격으로 요한복음 2장을 읽었다. 요한복음 2장에 보면 예수님이 세상에 오셔서 가장 먼저 베푸신 기적이 등장한다. 바로 가나 혼인잔치에서 물을 포도주로 변화시키신 사건이다.

그 사건을 가만히 보면 예수님이 행하신 그 기적으로 인해 기뻐하는 두 부류의 사람들이 있음을 알 수 있다. 첫 번째 부류는 그 기적의 포도주를 마시며 기뻐했던 하객들이다.

말하되 사람마다 먼저 좋은 포도주를 내고 취한 후에 낮은 것을 내거늘 그대는 지금까지 좋은 포도주를 두었도다 하니라 요 2:10

첫 번째 부류인 손님들은 얕은 수준의 수혜자들이다. 그 포도주의 비밀을 알지 못한 채 단순히 혜택 누리는 것만을 기뻐하는 자들이다. 이에 반해 이 기적의 사건에 등장하는 두 번째 부류는 주님의 기적에 동참했던 하인들이다.

연회장은 물로 된 포도주를 맛보고도 어디서 났는지 알지 못하되 물 떠온 하인들

은 알더라 요 2:9

하인들은 기적의 포도주를 마시며 즐기던 하객들과 달리 단순히 심부름하는 역할만 했다. 그러나 포도주를 마시며 즐긴 사람들보다 더 큰 기쁨이 그들에게 있었다. 비밀을 알았기 때문이다.

우리는 주님의 기적의 결과물인 포도주를 먹고 즐기는 사람들이 아니다. '예수 믿어서 부자 됐다더라, 기도했더니 아들이 명문대에 들어갔다더라' 하며 기뻐하는 것은 낮은 단계의 기쁨이다. 비록 사명을 감당하느라 그런 혜택을 누리지는 못해도 하나님의 비밀을 아는 자로, 그 일에 수종 드는 자로 그 안에 담긴 하나님의 꿈을 보며 기뻐하는 자들이다.

생각해보면, 수많은 치유의 기적을 베풀었던 사도 바울도 정작 자기 자신의 육체의 가시는 고치지 못했다. 그럼에도 그에게는 하나님의 비밀을 아는 자로서 꿈이 있었고, 기쁨이 있었다. '지금은 맹물 같은 이것이 이제 포도주로 바뀐다. 이 놀라운 하나님의 꿈을 이루는 데 쓰임받기 원한다'는 소원이 늘 그에게 있었다. 이것이 바로 우리 모두의 꿈인 줄 믿는다. 그 기쁨을 아는 것이 바로 '지혜'이다.

나는 가끔 이사야서 11장 말씀을 깊이 들여다보며 묵상한다.

그때에 이리가 어린 양과 함께 살며 표범이 어린 염소와 함께 누우며 송아지와

어린 사자와 살진 짐승이 함께 있어 어린아이에게 끌리며 암소와 곰이 함께 먹으며 그것들의 새끼가 함께 엎드리며 사자가 소처럼 풀을 먹을 것이며 젖 먹는 아이가 독사의 구멍에서 장난하며 젖 뗀 어린아이가 독사의 굴에 손을 넣을 것이라 내 거룩한 산 모든 곳에서 해 됨도 없고 상함도 없을 것이니 이는 물이 바다를 덮음같이 여호와를 아는 지식이 세상에 충만할 것임이니라 사 11:6-9

이 말씀이 "하늘에 있는 것이나 땅에 있는 것이 다 그리스도 안에서 통일되는" 그날을 예언하고 있는 것이다. 우리에겐 이 꿈이 있다. 우리에겐 이 소망이 있다. 지금은 의인들이 핍박을 당하고 있지만, 지금은 모든 것이 굽어져 있지만 하나님의 놀라운 비전으로 말미암아 굽어진 모든 것이 바로 펴지는 그날이 올 것이다. 이것을 볼 줄 아는 예지의 눈을 갖는 것이 지혜이다.

우리 모두에게 하나님이 주시는 지혜와 총명이 흘러넘치기를 바란다. 그래서 하나님의 비밀을 보는 자로 이 땅에서 풍성한 기쁨을 누리며 살아가게 되기를 바란다.

IDENTITY

에베소서 1장 11,12절
모든 일을 그의 뜻의 결정대로 일하시는 이의 계획을 따라 우리가 예정을 입어 그 안에서 기업이 되었으니 이는 우리가 그리스도 안에서 전부터 바라던 그의 영광의 찬송이 되게 하려 하심이라

chapter 06

하나님의 뜻대로 부르셨다

의탁할 때 누리는 평강

나는 옥한흠 목사님을 만난 것이 내 인생의 큰 축복 중 하나라고 생각한다. 내 인생을 믿고 맡길 수 있는 스승을 만날 수 있었던 것이 얼마나 큰 감사이며 복인지 모른다.

이것이 왜 그토록 큰 복인가 하니, 믿고 신뢰할 수 있는 스승을 만나면 그 스승이 시키는 대로 하면 되기 때문이다. 내가 옥한흠 목사님 아래서 사역할 때, 그 분이 뭔가를 시키거나 요청하실 때 한 번도 거절해본 적이 없다. "싫습니다, 못 합니다"라는 말을 해본 적도 없거니와 하다못해 "기도해보겠습니다"라는 말도 해본 적이 없다. 그 분이 다 기도해보고 시키신 일일 텐데 내가 뭐 하러 다시 기도해야 하나 싶은 생각이었다. 그러니 사는 게 얼마나 단순하고 명

쾌했는지 모른다.

한번은 이런 일이 있었다. 미국의 한 교회에서 청빙이 들어왔다. 그 교회는 예전에 내가 다니던 교회였고 당시에 가족들이 다니는 교회였다. 그러니 내게 얼마나 큰 의미가 있는 교회였겠는가? 더군다나 나 역시 이민자 출신으로 교포 분들의 애환을 잘 알기에 그 교회의 청빙에 마음이 뜨거워졌다. 그 교회의 장로님과 여러 날 동안 협의하면서 청빙에 응하기로 마음의 결정을 내렸다.

이제 교회 성도들에게 선을 보이고 공동의회를 거쳐 부임하는 절차만 남겨놓고는 옥 목사님에게 그 교회로 가기로 했다고 하면서 전후사정을 말씀드렸다. 그랬더니 옥 목사님이 딱 한 마디 하셨다.

"가지 마라."

순간적으로 얼마나 당황이 되었겠는가? 오래 기도하며 결정한 사안인데 말이다. 목사님의 생각지도 못한 말씀에 너무 당황해서 "왜 그러시냐"라고 물으면서 말도 막 더듬었던 것 같다. 그 질문에도 목사님은 길게 말씀 안 하셨다.

"자네는 한국에서 목회하는 게 좋다."

그것이 다였다. 그런데 참 희한한 것은 이런저런 이유를 들어 조목조목 설득하신 것도 아닌데, 목사님의 그 두 마디 때문에 내 마음이 다 정리가 됐다. 사실 청빙에 응하기로 결정하고 난 후 며칠 동안 내가 얼마나 꿈에 부풀어 있었겠는가? 그 교회에 가서 이런 사역을 해봐야지, 저런 사역을 해봐야지 하면서 목표도 세우고 청사진을 그려보면서 잠이 안 올 정도로 흥분한 상태였다.

그런데 목사님과 말씀을 나누고 방문을 나서는데, 지난 며칠 동안 부풀었던 마음이 '쿵' 하고 땅에 떨어지는 느낌이 들 정도로 순식간에 모든 미련이 사라졌다. 그 교회 장로님께 전화를 드려 사정을 말씀드리고 양해를 구했다. 그 교회에는 죄송한 마음이 컸지만, 그날 이후로 나는 단 한 번도 그때 미국 교회로 가지 않은 것을 후회해본 적이 없다.

얼마나 단단한 신뢰의 관계인가? 분당우리교회를 개척하게 된 것역시 옥한흠 목사님을 향한 신뢰 때문에 가능했다. 그때 나는 청소년 사역을 하고 있었기 때문에 어른 사역은 꿈도 꾸지 않던 때였다. 그런데 어느 날 목사님이 부르시더니 "개척해라"라고 하셨다.

사실 이게 말이 안 되는 것이었다. 개척을 하기 위해서는 청소년 사역만 할 것이 아니라 2,3년 교구사역을 하면서 경험을 쌓아야 하는데 그런 과정 전혀 없이 갑자기 개척을 하라고 하시는 것이다. 그럼에도 그 말씀에 순종했다. 그리고 분당우리교회를 개척했다. 그순종의 결과로 내가 지난 15년 동안 누렸던 기쁨은 말로 다할 수없을 정도이다.

나는 종종 생각한다. 신뢰할 수 있는 '인간' 지도자를 만나도 이렇게 흔쾌하게 자기 인생을 위탁할 수 있는데, 그리고 그것이 놀라운 결실을 내는데, 하물며 실수가 없으신 하나님, 온전하시고 우주를 창조하신 그분을 만나서 온전한 신뢰를 드리며 나를 위탁할 수 있다면 그것이 우리에게 얼마나 큰 축복이자 은혜이겠는가?

우리가 계속 에베소서를 살펴보고 있지만, 여러 말을 해도 핵심은 하나이다. 하나님이 나와 관계를 맺어주셨다는 것이다. 하나님을 떠난 진노의 자식이었던 나 같은 인생과 관계를 맺어주시는 과정이 기록된 것이 에베소서 1장이다. 이처럼 하나님께서 아무 자격 없는 나와 관계를 맺어주시는 은혜를 주셨다면 우리는 어떻게 해야 하는 가? 그분을 신뢰하고 의지하며 내 인생을 그분께 송두리째 맡기고 의탁하는 신앙적인 행위가 우리에게 필요하다.

> 그러나 무릇 여호와를 의지하며 여호와를 의뢰하는 그 사람은 복을 받을 것이라
> 렘 17:7

> 주께서 심지가 견고한 자를 평강하고 평강하도록 지키시리니 이는 그가 주를 신
> 뢰함이니이다 사 26:3

그렇게 하나님을 신뢰하는 자에게 하나님은 놀라운 평강을 덧입혀주신다.

우리를 택하신 하나님 주권

이런 의미에서 에베소서 1장 11절 말씀이 얼마나 은혜가 되는지 모른다.

> 모든 일을 그의 뜻의 결정대로 일하시는 이의 계획을 따라 우리가 예정을 입어
> 그 안에서 기업이 되었으니 엡 1:11

이 말씀에서 하나님과 관련한 두 가지 중요한 포인트가 발견된다. 하나는 "모든 일을 그의 뜻의 결정대로 일하시는 이의 계획을 따라"라는 말씀이고, 또 하나는 "그 안에서 기업이 되었으니"라는 말씀이다. "그 안에서 기업이 되었으니"라는 말씀은 한 마디로 '하나님의 소유가 되었다'라는 뜻이다.

우리는 앞에서, 놀라운 하나님의 구원 계획과 실행에 대해 살펴보았다. 성부 하나님께서는 구원의 마스터플랜을 세우셨다. 4절의 "우리를 택하사", 그리고 5절에서 "예정하셔서" 양자 삼아주셨다. 그런가 하면 성자 예수님은 그 계획에 따라 실제적인 구원의 길을 열어주셨다.

> 우리는 그리스도 안에서 그의 은혜의 풍성함을 따라 그의 피로 말미암아 속량 곧
> 죄 사함을 받았느니라 엡 1:7

이런 놀라운 은혜를 통하여 본질상 진노의 자녀였던 우리가 하나님의 자녀가 되는 권세를 누리게 되었다.

그런데 이런 구원 계획의 마스터플랜을 설명하시고는 11절에서 이 모든 구원 계획이 어떻게 가능했는가를 딱 한 마디로 설명해주셨

는데, 그것이 바로 "모든 일을 그의 뜻의 결정대로 일하시는 이의 계획을 따라"이다.

이 구절을 읽고 있으면 하나님이 꼭 이렇게 말씀하시는 것 같다.

"그 모든 일이 어떻게 가능했는지 아니? 모든 일을 내 뜻대로, 내 마음으로 그렇게 했다."

이 부분에 대해 로이드 존스 목사님은 이런 이야기를 했다.

"모든 것은 하나님 자신의 마음의 원대로이다. 하나님은 그 자신과 더불어 생각했고, 그 자신과 더불어 숙의하고 묵상했다. 구원의 전체 계획이 처음부터 끝까지 전적으로 하나님으로부터이며 아무것도 밖에서 온 것이 없다."

하나님은 전적인 그분의 주권에 의해 우리를 택해주셨다. 간혹 우리가 예수님을 믿으면서도 우리의 연약함 때문에 예수님의 이름에 덕이 안 되는 경우가 있다. 세상 사람들로부터 "네 까짓 게 무슨 예수를 믿는다고 그래"라는 비아냥거림을 받을 때도 있다. 그럴 때는 여러 말로 변명할 필요도 없다. 그냥 맞장구치면 된다.

"글쎄 말이에요. 저도 이해가 안 됩니다. 하나님이 왜 저 같은 걸 구원해주셨는지. 그 은혜에 보답하고자 애쓰고 있는데도 아직까지 많이 미숙하네요."

우리에게는 이 감격이 있어야 한다.

본문 말씀을 통해 함께 나누고 싶은 것은, 이 하나님의 주권으로 구원 받은 우리가 삶 속에서 해야 할 일이 있다는 것이다. 그것은 하나님의 주권을 인정해드리는 것인데, 이것을 세분화하면 세 가지로 정리할 수 있을 것 같다.

하나님 주권에 승복하라

첫 번째는 하나님께 '승복'하는 것이다.

우리는 11절 말씀처럼 "모든 일을 그의 뜻의 결정대로 일하시는 이의 계획"을 따라, 즉 그분의 주권 때문에 구원을 받았고, 하나님은 그 주권으로 일하고 계신다. 그렇기 때문에 하나님은 우리의 머리로는 이해가 안 되는 일들을 하실 때가 많다. 마치 세 살 먹은 꼬맹이가 아빠가 하는 일을 다 이해하지 못하는 것처럼 말이다. 마찬가지로 우리는 이해할 수 없는 하나님의 일하심이 있더라도 그분의 주권에 승복해야 한다. 그 승복은 하나님을 위한 것이라기보다 나를 위한 것이다.

로마서에 보면 바울이 재미있는 비유를 들어 하나님의 주권을 설명하는 부분이 있다.

> 토기장이가 진흙 한 덩이로 하나는 귀히 쓸 그릇을, 하나는 천히 쓸 그릇을 만들 권한이 없느냐 롬 9:21

토기장이이신 하나님께서 그분의 주권을 가지고 진흙을 빚으시는데 거기에 토를 달 진흙이 어디 있느냐는 것이다. 그러면서 바울은 20절에서 이런 부연설명을 한다.

이 사람아 네가 누구이기에 감히 하나님께 반문하느냐 지음을 받은 물건이 지은

자에게 어찌 나를 이같이 만들었느냐 말하겠느냐 롬 9:20

하나님의 주권에 대한 절대 승복을 이야기하는 것이다.

구약에서도 하나님과 우리와의 관계를 토기장이와 진흙의 관계
로 설명하는 말씀이 나온다.

여호와께로부터 예레미야에게 임한 말씀에 이르시되 너는 일어나 토기장이의 집

으로 내려가라 내가 거기에서 내 말을 네게 들려주리라 하시기로 내가 토기장이

의 집으로 내려가서 본즉 그가 녹로로 일을 하는데 진흙으로 만든 그릇이 토기장

이의 손에서 터지매 그가 그것으로 자기 의견에 좋은 대로 다른 그릇을 만들더라

렘 18:1-4

하나님은 예레미야를 토기장이의 집으로 보내셨다. 예레미야가
거기서 토기장이의 손놀림을 보고 있는데, 그때 하나님이 이렇게 말
씀하셨다.

그때에 여호와의 말씀이 내게 임하니라 이르시되 여호와의 말씀이니라 이스라엘

족속아 이 토기장이가 하는 것같이 내가 능히 너희에게 행하지 못하겠느냐 이스

라엘 족속아 진흙이 토기장이의 손에 있음 같이 너희가 내 손에 있느니라

렘 18:5,6

하나님의 주권을 강조하시는 말씀이다. 그러면서 하나님은 그와
관련하여 이스라엘 백성 앞에 두 갈래의 길이 놓여 있다고 말씀하셨
다. 한 갈래는 8절에 나오는 말씀이다.

만일 내가 말한 그 민족이 그의 악에서 돌이키면 내가 그에게 내리기로 생각하였
던 재앙에 대하여 뜻을 돌이키겠고 렘 18:8

만약에 이스라엘 백성들이 자기를 빚으시는 토기장이 되시는 하
나님의 주권을 인정하고 하나님의 뜻에 승복하면, 그들을 토기장이
손에 들린 진흙처럼 멋지게 빚어주시겠다는 것이다.
또 다른 한 갈래는 10절에 나온다.

만일 그들이 나 보기에 악한 것을 행하여 내 목소리를 청종하지 아니하면 내가
그에게 유익하게 하리라고 한 복에 대하여 뜻을 돌이키리라 렘 18:10

만약에 타락한 이스라엘 백성들이 자기를 빚으시는 토기장이 되
시는 하나님의 주권을 인정하지 않고 자기 멋대로 살면서 '난 하나
님 없이도 잘 살 수 있다'고 생각하면 하나님의 주권으로 토기 그릇

을 제대로 만들지 않겠다고 말씀하시는 것이다. 진흙이 토기장이의 주권을 인정하고 순종하는 것처럼 피조물인 너희는 하나님의 말씀 앞에 승복하고 순종하라는 이야기이다.

유진 피터슨이 쓴 《주와 함께 달려가리이다》라는 책에 예레미야 서 1장 5절을 설명해놓은 부분이 있다.

> 내가 너를 모태에 짓기 전에 너를 알았고 네가 배에서 나오기 전에 너를 성별하
> 였고 너를 여러 나라의 선지자로 세웠노라 하시기로 렘 1:5

여기 나오는 "내가 너를 모태에 짓기 전에 너를 알았고"라는 말씀 에서 '지었다'라는 동사가 원어로 '야짜르'인데, 18장에 나오는 '토 기장이'의 원어가 '요째르'이다.

일종의 워드플레이인 셈인데, 예레미야 입장에서 맨 처음 자기 존 재감을 깨닫게 된 계기가 '야짜르'라는 단어였다면, 이제는 이 단어 가 백성들로 하여금 자기들의 삶을 깨닫게 하는 데 사용되고 있는 것이다. 하나님께서는 토기장이, 곧 '요째르'로서 진흙덩이인 예레 미야를, 그리고 또 다른 덩이인 그 백성들을 빚고 계시는데, 예레미 야는 자기가 체험한 것을 백성에게 전하면서, 마치 진흙이 토기장 이의 손에 온전히 맡겨지듯 하나님 앞으로 돌아오라고 촉구하는 것이다.

토기장이를 거역하는 진흙들

그런데 당시 이스라엘 백성은 이 말씀에 어떻게 반응하는가?

> 그러나 그들이 말하기를 이는 헛되니 우리는 우리의 계획대로 행하며 우리는 각기 악한 마음이 완악한 대로 행하리라 하느니라 렘 18:12

하나님께서 어떻게 내 인생의 주인이냐는 것이다. 우리 삶은 우리가 주인이고, 따라서 우리는 하나님의 계획이 아니라 우리의 계획대로 살겠다는 것이다.

이런 이스라엘 백성의 모습이 곧 우리 인류의 역사이다. 15, 16세기를 거치면서 근대시대가 펼쳐지는데, 우리나라로 치면 고려시대쯤 된다. 근대시대의 특징으로 보통 세 가지를 꼽는다. 첫째는 합리성이다. 인간이 생각할 때 합리적인 것만 받아들이겠다는 것이다. 둘째는 자율성이다. 근대주의의 가장 핵심적인 변화가 자율적인 자아, 즉 하나님으로부터 독립된 자아이다. 하나님 없이도 인간 스스로의 힘으로 유토피아를 건설할 수 있다는 것이다. 셋째는 자기중심성이다. 내가 세상의 주인이라는 말이다. 즉, 하나님의 자리에 내가 올라서겠다는 것이다.

이런 근대시대의 특징을 가장 잘 보여주는 흐름이 17세기에 나타난 계몽주의이다. 계몽주의를 한 마디로 요약하면, 하나님을 배제하고 하나님 없이도 인간 스스로의 힘으로 유토피아를 건설할 수 있다는 것이다. 그런 멋진 포부를 가지고 근대시대가 시작되었는데, 무슨 일이 일어났는가? 굉장히 아름다운 유토피아가 건설될 줄 알았는데, 1차대전이 일어났다. 미국의 대공황이 일어났다. 그리고 2차대전이 일어났다.

물론 근대주의가 인류 역사에 공헌한 것이 많다. 인간의 능력을 신뢰하고 그 능력을 극대화한 결과, 많은 발전이 이루어졌다. 그런데 그 인간의 지혜가 결국 어떻게 사용되었는가? 1차대전 때는 인간의 지혜로 만든 폭탄과 가스와 온갖 살상무기들이 인명을 살상하는 데 쓰였다. 2차대전 때는 사악한 지도자의 악한 지혜로 인류가 학살당하는 것을 목도하는 아픔이 있었고, 핵무기가 어떤 파괴력을 가지고 있는지도 온 인류가 목도하게 되었다.

그러다 보니 혼란이 생겼다. 하나님 없이 인간의 능력만으로도 유토피아를 건설할 수 있다는 확신으로 시작한 근대주의가 의심으로 바뀌었고, 질서가 혼돈의 시대로 바뀌는 혼란을 경험했다. 한 마디로 인류가 방향을 상실했다.

그런데 여기서 한 번 생각해보라. "우리는 우리의 계획대로 행하며 우리는 각기 악한 마음이 완악한 대로 행하리라"라고 하며 하나님의 품을 떠났다가 이런 혼란을 겪게 되었다면 어떻게 하는 것이 상식인가? 다시 하나님 품으로 돌아오는 것이 정상 아닌가? 그러나 죄성을 가진 인간 세계의 현실은 정반대로 흘러가고 있다. 하나님 품으로 돌아오기는커녕, 더 극심한 혼란의 세계로 빠져들고 있다.

오늘날 벌어지는 일들을 보라. 인간의 죄성은 절대로 자기 잘못을 시인하지 않는다. 늘 남에게 책임을 돌린다. 해결책을 하나님에게로 돌아가는 데서 찾는 것이 아니라 더 혼미하고 타락한 세상으로 흘러가고 있다.

이런 의미에서 탕자의 비유에 나오는 둘째 아들이 참 귀하다. 어떤 의미에선 지혜롭다고 할 수 있다. 돈만 있으면 아버지고 뭐고 다 필요 없고 잘 살 수 있으리라 생각했는데, 그래서 돌아가시지도 않은 아버지의 유산을 미리 챙겨서 세상으로 나갔는데 결국 그가 깨달은 것이 무엇인가?

> 이에 스스로 돌이켜 이르되 내 아버지에게는 양식이 풍족한 품꾼이 얼마나 많은가 나는 여기서 주려 죽는구나 눅 15:17

둘째 아들은 '이에 스스로' 돌이켰다. 이것이 그의 귀한 모습이다. 그런데 인간은 고집불통이다. 절대로 자기 잘못을 인정하지 않는다. 자기 잘못을 인정하지 않으니 돌이키지도 않는다. 역사 속 모습만 그런가? 우리는 또 얼마나 고집불통인가? 이제는 하나님의 주권을 인정하고 하나님께로 돌이켜야 한다.

누구를 위한 승복인가? 하나님을 위한 승복인가? 아니다. 나를 위한 승복이다. 하나님께 승복해야 내 인생이 회복되는 것이다. 아버지 집에 돌아가야만, 문 밖에서 기다리시는 아버지가 나를 맞아

주실 때에만 진정한 회복이 있다. 우리 가운데 하나님 없이 살려고 애쓰다가 실패를 경험하고, 인생이 공허하고 허무함이 있다면, 하나님이 부르시는 메시지인 줄 알고 하나님께로 돌아가기를 바란다. 하나님께 승복하기 바란다.

하나님을 신뢰하라

두 번째로 우리가 하나님의 주권 앞에 보여드려야 할 항목은 '하나님을 신뢰'하는 것이다.

탕자의 비유에 나오는 첫째 아들의 문제가 바로 이 부분에 있었다. 그는 동생인 둘째 아들처럼 아버지께 반항하여 집을 떠난 적이 없다. 이것이 그가 가지고 있던 긍지요 자부심이었다. 그런데 그런 첫째 아들이 가진 치명적인 문제가 무엇인가?

> 아버지께 대답하여 이르되 내가 여러 해 아버지를 섬겨 명을 어김이 없거늘 내게는 염소 새끼라도 주어 나와 내 벗으로 즐기게 하신 일이 없더니 아버지의 살림을 창녀들과 함께 삼켜버린 이 아들이 돌아오매 이를 위하여 살진 송아지를 잡으셨나이다 눅 15:29,30

큰아들의 몸은 아버지 곁을 떠난 적이 없지만, 그래서 자신은 늘 아버지에게 충성하고 있다고 생각했지만, 정작 그는 둘째 아들을 받아들인 아버지에게 승복할 수 없었다. 아버지가 하시는 일을 신뢰하지 않은 것이다. 이것이 첫째 아들이 가진 치명적인 문제점이다.

가슴 아픈 것은 오늘날 교회 안에 이런 사람들이 생각보다 많다는 사실이다. 몸은 교회 안에 머물면서 늘 하나님께 충성하는 것 같지만 둘째 아들 같은 인생을 용서하고 수용하시는 하나님의 마음을 깨닫지 못한다. 그러다 보니 마음으로 원망과 불평이 많다. 그리고 하나님이 하시는 일에 승복하지 못할 때가 많다. 이것이 오늘 우리의 모습이지 않은가? 그러므로 우리는 우리 생각이 하나님의 생각과 충돌될 때 하나님의 생각에 내 생각을 굴복시키는 훈련을 해야 한다.

이사야서 55장에 이런 말씀이 있다.

이는 내 생각이 너희의 생각과 다르며 내 길은 너희의 길과 다름이니라 여호와의 말씀이니라 이는 하늘이 땅보다 높음같이 내 길은 너희의 길보다 높으며 내 생각은 너희의 생각보다 높음이니라 사 55:8,9

우리가 이런 말씀을 읽기는 하지만, 실제로 이 말씀에 승복하며 하나님을 향한 신뢰로 나아가지 못하는 경우가 얼마나 많은가? 미국에 계시는 어머니가 언젠가 내게 이런 고백을 하셨다.

"나는 예수님을 영접한 이후로 단 한 번도 하나님을 원망해본 적이 없다."

이것은 하나님에 대한 전적인 승복, 하나님을 향한 전적인 신뢰를 전제로 하는 고백인데, 나는 이것이 결코 말처럼 쉬운 일이 아님을 잘 알고 있다. 그러나 나도 오랜 세월이 흐른 후에 내 자식들에게 이 고백을 들려주고 싶다. 어머니가 내게 그러셨던 것처럼. 바로 이것이 행복한 인생의 비결임을 잘 알기에, 그리고 그 사실을 우리 자녀들도 깨닫기를 바라기 때문이다.

토기장이 되신 하나님을 불신하고 저항하며 하나님 없이 유토피아를 건설하겠다는 인생들이 수면제가 없으면 잠을 잘 수 없고 날마다 불안하고 안달복달하는 이유가 어디서 기인하는가? 온 우주를 만드신 창조주 앞에 우리의 인생을 맡겨드리는 결단이 우리 모두에게 있기를 바란다. 나는 결국 우리 인생의 마지막에 불러야 할 노래가 바로 이 노래라고 생각한다.

하나님 한 번도 나를 실망시키신 적 없으시고
언제나 공평과 은혜로 나를 지키셨네

인간의 관점으로 보면 하나님이 한 번도 실망시키신 적이 없다는 게 말이 안 된다. 사실 하나님 때문에 실망한 적이 한두 번이 아니다. 당황스러운 적이 한두 번이 아니다. 그러나 하나님의 하나님 되심을 인정하고 승복하며 그분의 주권을 인정해드리고 신뢰할 때 이렇게 고백할 수 있게 되는 것이다.

"내가 상처받고, 내가 마음 상하고, 내가 시험에 든 것은 어린아

이같이 내 시야가 좁기 때문이지, 하나님은 나를 실망시키신 적이 없으시다."

이 고백이 우리 모두의 고백이 되기를 바란다.

하나님을 찬양하라

세 번째로 우리가 하나님께 드려야 할 가장 중요한 것은 '찬양'이다.

> 이는 우리가 그리스도 안에서 전부터 바라던 그의 영광의 찬송이 되게 하려 하심이라 엡 1:12

그런데 여기서 굉장히 중요한 포인트를 하나 발견할 수 있다. 6절 말씀을 보자.

> 이는 그가 사랑하시는 자 안에서 우리에게 거저 주시는 바 그의 은혜의 영광을 찬송하게 하려는 것이라 엡 1:6

6절과 12절 말씀에서 찬양의 변화가 있는 것이 느껴지는가? 6절에서는 내가 은혜의 영광을 찬송했다. 그런데 하나님의 계획 앞에 온전히 승복하고 신뢰한 후 12절에서는 은혜의 영광을 찬송하는 정도가 아니라 그분의 영광의 찬송이 되어버린 것이다. '찬송을 하는 존재'에서 '찬송 그 자체'가 되어버린 이 발전적인 차이가 이해되는가? 우리는 하나님의 주권으로 구원 받은 사실을 기억하고 감격하는 한편, 하나님께서 왜 우리를 자녀 삼아주셨는지, 그 이유를 분명히 기억해야 한다.

이 백성은 내가 나를 위하여 지었나니 나를 찬송하게 하려 함이니라 사 43:21

본문 11, 12절도 이 사실을 분명히 밝히고 있다.

모든 일을 그의 뜻의 결정대로 일하시는 이의 계획을 따라 우리가 예정을 입어 그 안에서 기업이 되었으니 이는 우리가 그리스도 안에서 전부터 바라던 그의 영광의 찬송이 되게 하려 하심이라 엡 1:11,12

이 사실을 잊어서는 안 된다. 언젠가 의사이신 성도 한 분이 나를 찾아오셨다.

"목사님, 요즘 환자들이 너무 많이 몰려와서 수입이 너무 많아졌습니다. 물질이 점점 더 많아지니 너무 두렵습니다. 이 물질 가지고 엉뚱한 데 쓸까봐 목사님께 상의를 드리려고 왔습니다. 뭔가 가치 있게 물질을 쓸 수 있는 선한 일이 없을까요?"

물질이 풍성해지는 문제로 고민을 하다니, 세상 사람들 입장에서는 결코 이해할 수 없는 말 아닌가? 물질적으로 풍성해지는 복이 넘친다면 기쁘고 감사할 텐데, 이분은 왜 이렇게 불안해하는 걸까? 이분은 우리를 구원해주신 하나님의 뜻을 정확하게 이해하고 있었기 때문이다.

> 그가 모든 사람을 대신하여 죽으심은 살아 있는 자들로 하여금 다시는 그들 자신을 위하여 살지 않고 오직 그들을 대신하여 죽었다가 다시 살아나신 이를 위하여 살게 하려 함이라 고후 5:15

이분이 불안해하는 포인트가 여기에 있었다. 하나님께서 자신에게 물질적인 풍요를 주실 때는 거기에 사명이 있을 텐데, 혹시라도 그 사실을 망각하고 자신만을 위해 사용하게 될까봐 두려웠던 것이다. 물질만의 문제가 아니다. 이런 관점으로 우리 자신을 돌아봐야 한다.

하나님의 주권으로 구원받았다는 사실을 감사하는 한편 하나님을 향한 신뢰를 바탕으로 한 승복이 이루어지는 삶을, 다른 한편으로는 날 구원해주신 하나님께 찬양과 영광을 돌리는 삶을 살게 되기를 바란다. 그리고 이렇게 살아가는 것이 진정한 행복의 길임을 우리의 삶을 통해 경험적으로 맛보게 되기를 바란다.

우리가 아직 연약할 때, 아직 철부지 죄인이었을 때, 내가 얼마

나 치명적인 죄인인지조차 인식하지 못하던 그때에 우리를 위

하여 십자가에 달리신 주님의 사랑이 너무 크게 다가왔다.

PART 2

예수님을
따르는 자

IDENTITY

에베소서 1장 12,13절

이는 우리가 그리스도 안에서 전부터 바라던 그의 영광의 찬송이 되게 하려
하심이라 그 안에서 너희도 진리의 말씀 곧 너희의 구원의 복음을 듣고 그 안
에서 또한 믿어 약속의 성령으로 인 치심을 받았으니

chapter 07

주 안에서 포용하라

좁은 '우리'에서 넓은 '우리'로

우리나라 사람들은 정이 많다. 그러다 보니 우리말에 '우리'라는 표현이 유난히 많다.

'우리 엄마, 우리 남편, 우리 아내, 우리 집, 우리 교회.'

이런 표현들이 많다는 것은 그만큼 우리나라 사람들의 공동체 의식이 강하다는 말이다.

그런데 이렇게 따뜻할 것만 같은 '우리'란 말에 커다란 함정이 있다. 대한민국 국민 모두를 하나 되게 하는 광범위한 '우리'도 있지만, 자칫 잘못하면 지역감정이나 종교나 이념에 따라 편 가르기를 하는 편협한 '우리'로 빠질 위험이 있다. 신앙 생활하는 우리는 이것을 늘 조심해야 한다.

'분당우리교회'라는 이름도 마찬가지이다. '함께 울고 함께 웃는 우리교회'라는 참 좋은 의미를 가지고 있지만, 자칫 잘못하면 폐쇄적이고 이기적인 이름으로 전락할 위험이 있음을 인식해야 한다.

본문에서 바로 이런 포인트를 발견하게 되는데, 사도 바울은 에베소서 1장 3절부터 12절에 이르기까지 마침표 하나 없이 구원의 감격을 쭉 열거하고 있다. 그런데 여기에서 계속 사용되는 인칭대명사가 바로 '우리'이다. 바울은 이 짧은 구절에서 '우리'라는 말을 무려 11회나 사용하면서 자신과 공동체에 임한 풍성한 은혜를 감격적으로 피력한다.

그런데 13절로 넘어가서는 인칭의 지경을 넓히고 있다.

그 안에서 너희도 진리의 말씀 곧 너희의 구원의 복음을 듣고 그 안에서 또한 믿어 약속의 성령으로 인치심을 받았으니 엡 1:13

이것은 굉장히 중요한 변화이다. 지금까지 계속 '우리'라는 인칭으로 은혜의 풍성함을 설명하던 바울이 13절에 와서 '너희'라는 이 인칭 주어를 사용함으로써 그가 지금까지 피력했던 '우리'가 편협하고 폐쇄적인 '우리'가 아니라 누구에게나 열려 있는 '우리'라는 사실을 보여준다.

이것을 깨닫고 나서 이 부분을 많이 묵상했다. 출력해서 가지고 다니며 읽고 또 읽었다. 그러다 중요한 진리를 발견하게 되었다.

바울은 3절부터 12절에 이르기까지 거의 매 절에서 "은혜를 누립니다"라고 고백하며 풍성한 은혜를 누리는 감격을 피력한다.

그런데 그렇게 풍성한 은혜를 누리고 나면 우리 앞에 두 갈래의 길이 펼쳐진다. 하나는 폐쇄적인 '우리'의 길이고, 또 하나는 바울이 13절에서 드러낸 것처럼 모두를 포용하고 관용하는 열린 '우리'의 길이다.

오늘날 한국교회를 보라. 세계에서 유례를 찾아볼 수 없는 놀라운 하나님의 은혜가 한국교회에 부어졌다. 그야말로 사도 바울이 3-12절에서 고백한 것과 같은 풍성한 은혜가 한국교회와 성도들에게 넘치도록 부어졌다. 그런데 불행하게도 오늘날 많은 교회와 성도들은 이 풍성한 하나님의 은혜를 보다 넓고 광범위한 세계로 흘려보내지 못하고, 주신 복을 우리끼리만 누리는 폐쇄적인 '우리'에 머무는 우를 범했다.

그 결과 지금 한국교회는 많은 부작용으로 전방위적인 아픔을 겪고 있다.

편협한 '우리'가 만들어낸 분열

지금 한반도 전체가 영적으로 심각한 병에 빠져 있다. 이런 우리나라를 생각하면 마음이 아프다. 정치 상황을 보라. 전 국민이 두 편으로 나뉜 것 같다. 인터넷에서 나와 생각이 다른 사람의 글을 보면 저주에 가까운 악플을 단다. 그 사람의 의견을 들어볼 생각도 않고 마음을 닫아버린다. 심지어는 교회 안에까지 이런 이분법적인 사고가 들어와 성도들끼리도 그런 문제를 가지고 서로를 향해 비판의 칼날을 세운다.

우리나라에 드리운 이토록 무서운 분열의 영을 보며 두려워지기 시작했다. 이것은 사탄의 공작이다.

야고보서 3장 말씀을 보자.

> 너희 중에 지혜와 총명이 있는 자가 누구냐 그는 선행으로 말미암아 지혜의 온유함으로 그 행함을 보일지니라 그러나 너희 마음 속에 독한 시기와 다툼이 있으면 자랑하지 말라 진리를 거슬러 거짓말하지 말라 이러한 지혜는 위로부터 내려온 것이 아니요 땅 위의 것이요 정욕의 것이요 귀신의 것이니 시기와 다툼이 있는 곳에는 혼란과 모든 악한 일이 있음이라 약 3:13-16

원래 우리나라 국민들의 천성은 이렇지 않았다. 지금처럼 나와 조금 다르다고 해서 완전히 적으로 삼고 원수 맺는 민족이 아니었다. 지금처럼 이 땅에 이념과 이념, 세대와 세대 간의 분열의 골이 깊었던 적이 없다. 적어도 내가 알기론 그렇다.

이런 가슴 아픈 현상은 교회도 예외가 아니다. 한국교회는 지금 분열의 영으로 몸살을 앓고 있다. 목사와 장로가, 장로와 장로가, 성도와 성도가 서로 마음이 갈라져 대립하고 있는 교회가 한두 교회가 아니다.

가정은 또 어떤가? 고부간의 갈등, 부부간의 갈등, 부모와 자녀와의 갈등 등 메울 수 없는 깊은 갈등의 골로 온통 상처투성이이다. 온 한반도 땅을 분열의 영이 가득 덮고 있다. 도대체 왜 이렇게 되었을까?

갈라디아서 5장에서는 성령의 열매를 설명하기 바로 전에 그에 대비되는 악한 육체의 일을 이렇게 설명한다.

> 육체의 일은 분명하니 곧 음행과 더러운 것과 호색과 우상 숭배와 주술과 원수 맺는 것과 분쟁과 시기와 분냄과 당 짓는 것과 분열함과 이단과 투기와 술 취함과 방탕함과 또 그와 같은 것들이라 전에 너희에게 경계한 것같이 경계하노니 이런 일을 하는 자들은 하나님의 나라를 유업으로 받지 못할 것이요 갈 5:19-21

무슨 뜻인가? 분열과 분쟁이 사탄의 일이라는 것이다. 더 심각한 것은 분열과 분쟁을 조장하는 일은 음행과 호색과 우상 숭배와 똑같은 죄의 범주에 속한다는 사실이다. 우리가 간음하지 않았다고, 술 안 마시고 담배 안 피운다고 다른 사람들을 정죄하지만, 그런 행위 자체가 하나님 보시기에는 그 이상으로 나쁜 일인 것이다. 이것을 뼛속 깊이 인식해야 한다.

술 안 마시고 담배 안 피우는 것에 대해 자부심을 느끼는 것도 좋지만, 그토록 풍성한 하나님의 은혜를 받아 누렸음에도 불구하고 관용하지 못하고 관대하지 못하여 우리만 아는 편협한 '우리'의

범주를 넘어서지 못하는 우리의 연약함을 가슴 아파해야 한다.

이방인까지 포용한 바울의 '우리'

이런 차원에서 나는 본문의 성숙한 사도 바울의 모습이 부럽다. 12절까지 본문에서 나오는 '우리'가 누구를 지칭하는지, 또 13절에 나오는 '너희'가 누구를 지칭하는지에 대해서는 학자들마다 다양한 의견이 있지만, 보편적으로는 12절까지의 '우리'가 먼저 믿은 유대인을, 13절에 나오는 '너희'는 당시 에베소에 있던 이방인들을 가리킨다고 본다.

우리가 잘 아는 것처럼, 당시 유대인들은 이방인들을 지옥의 불쏘시개라고 생각했다. 사람 취급을 하지 않았다. 그런가 하면 헬라인들은 자기들이 가지고 있던 지식, 철학, 실력 등을 자랑하며 깊은 골을 만들었다.

이 점에서는 예수님을 만나기 이전의 바울 역시 마찬가지였다. 더하면 더했지 결코 모자라지 않았다. 예수 그리스도를 경험하기 이전에 이처럼 편협했던 그였는데, 예수 그리스도를 경험하고 난 이후에 이런 놀라운 변화를 보여줬다는 것이 무엇을 의미하는가?

유대인이나 헬라인이나 차별이 없음이라 한 분이신 주께서 모든 사람의 주가 되사 그를 부르는 모든 사람에게 부요하시도다 롬 10:12

너희는 유대인이나 헬라인이나 종이나 자유인이나 남자나 여자나 다 그리스도 예수 안에서 하나이니라 갈 3:28

이런 변화가 있었기에 그는 12절까지에서 '나'에게 임한 하나님의 은혜, '우리' 공동체에 임한 하나님의 은혜를 노래하는 데서 끝내지 않고, 13절로 가서 "너희에게도…"로 연결할 수 있었다.

이런 맥락에서 나는 오늘 우리의 현실이 마음 아프다. 놀라운 성령의 은혜를 경험한 성도들 중에는 오히려 그 놀라운 경험 때문에 편을 가르고 당을 짓는 일을 하기도 한다.

큐티(QT)를 하고 말씀을 깊이 보는 게 얼마나 귀한 일인가? 12절까지 부어주신 것 같은 하나님의 은혜가 없다면 불가능한 일이다. 그런데 그렇게 말씀을 깊이 보는 것이 오히려 남을 비판하고 손가락질하며 당을 짓게 만드는 결과로 이어진다면 얼마나 통탄할 일인가?

고린도교회도 딱 이런 모습을 보였다. 고린도교회에 얼마나 많은 성령의 능력과 역사가 나타났는가? 그런데 그들은 그 놀라운 성령의 역사를 어떻게 사용했는가? 바울파, 게바파, 아볼로파로 나뉘어 서로 다투는 데로 향했다.

요즘 말로 하면 성령파, 큐티파, 새벽기도파, 담임목사파 등으로 나뉘어 서로를 비난한 것이다. 마음 아픈 일들이 교회 안에서 일어나고 있다.

그렇다면 이방인에 대해 골이 깊던 바울이 예수님을 만난 후로 그들을 포용하고 수용하는 넓은 사람이 될 수 있었던 비결은 무엇일까? 그 비결이 바로 이 말씀에 담겨 있다.

> 하늘에 있는 것이나 땅에 있는 것이 다 그리스도 안에서 통일되게 하려 하심이라
>
> 엡 1:10

에베소서 1장의 모든 말씀은 이 10절 말씀으로 다 연결된다. 우리 하나님 아버지의 소원이 바로 이것이라는 것이다. 은혜 받고, 십자가의 능력을 힘입고, 지혜와 총명도 받아서 신령한 비밀을 깨달았다면, 그리스도 안에서 모든 것이 통일되어 골이 메워지기를 원하시는 하나님의 마음을 품어야 한다는 것이다.

자녀를 키우는 분들이라면 금방 이해할 것이다. 자녀들이 부모인 자신들에게 효도하며 잘 해주는 것보다 형제들끼리 화목하고 서로의 허물을 덮어주며 사랑하는 것에 훨씬 더 큰 기쁨을 누린다는 사실을 말이다.

우리 하나님도 마찬가지이다. 하나님을 사랑한다고 하면서 주 안에서 만난 형제자매인 성도들 간에 사랑하지 못하고 용서하지 못한다면 하나님 아버지의 마음을 기쁘게 해드릴 수 없다. 바울은 그 사실을 분명히 깨닫고 인식했다.

예수님을 믿는 우리 역시 사도 바울처럼 하나님 아버지의 심정을

우리의 마음으로 받아들이고, 좁고 편을 가르는 '우리'에 머무는 것이 아니라 누구라도 수용하고 포용하는 넓은 의미의 '우리'의 삶을 살게 되기를 바란다.

그런 의미에서 본문을 중심으로 관계 회복을 위한 두 가지 권면을 살펴보자.

공통분모를 발견하라

첫째로 관계 회복을 위해서는 '공통분모를 발견하는 일'이 필요하다.

전 가족이 이민을 떠났던 나는 1990년도에 혼자 한국으로 되돌아왔다. 그때까지만 해도 목사가 되라고 하시는 어머니의 권면이 내겐 참 어렵고 부담스러운 문제였다.

'내 인격을 내가 아는데 내가 어떻게 목사가 돼?'

이런 마음에 미루고 미루다가, 피하고 피하다가 서른 살 되었을 때 한국에서 신학교 입학하기 위해 미국 생활을 정리하고 조국으로 되돌아온 것이다.

그리고 곧 신학교 기숙사에 들어갔다. 잔뜩 기대에 부풀어 첫 학기를 맞았는데, 첫 학기는 실망 그 자체였다. 함께 수업을 듣는 동료 전도사님들에게서 예상하지 못했던 실망스런 모습들이 보였기 때문이다.

어느 날 기숙사 앞에 대자보가 붙었다. "우리 새벽기도 합시다"

라거나 "기도에 힘씁시다"라는 신앙적 권면이 담긴 내용일 줄 알았는데, 가까이 가보니 반찬투정이었다. 반찬이 맛이 없다며 식당 주인은 각성하라는 내용의 대자보를 보며 깜짝 놀랐던 기억이 지금도 생생하다.

또 어느 날에도 대자보가 붙었는데, 그 당시 신학교 구내 서점은 이미 책값을 15퍼센트 정도 할인을 해주고 있었는데 할인을 더 해달라는 내용이었다. 그런 걸 보면서도 충격을 받았다.

당시 이민 생활을 정리할 결심을 하고 한국으로 귀국할 정도로 가슴이 뜨거웠던 나로서는 이런 신학생들의 태도를 용납하기가 어려웠다.

'아니, 어떻게 목사가 되겠다고 신학교에 온 신학생들이 이런 사소한 것에 마음을 쓸 수 있는가? 일반 대학교와 다른 것이 하나도 없지 않은가?'

이런 생각이 들자 시험에 들면서 동료 신학생들에게 마음이 닫혔다. 교만의 병이 찾아온 것이다.

그런데 하나님께서는 교만하여 마음 문을 닫아버린 나를 불쌍히 여기사 빌립보서 1장의 깨달음을 주셨다. 나는 이 말씀을 잊을 수가 없다.

형제 중 다수가 나의 매임으로 말미암아 주 안에서 신뢰함으로 겁 없이 하나님의 말씀을 더욱 담대히 전하게 되었느니라 어떤 이들은 투기와 분쟁으로, 어떤 이들은 착한 뜻으로 그리스도를 전파하나니 이들은 내가 복음을 변증하기 위하여 세우심을 받은 줄 알고 사랑으로 하나 그들은 나의 매임에 괴로움을 더하게 할 줄로 생각하여 순수하지 못하게 다툼으로 그리스도를 전파하느니라 빌 1:14-17

바울 시대 때도 성숙하지 못한 채 잘못된 동기를 가지고 복음을 전하는 사람들이 있었다. 심지어는 복음을 전한다는 미명으로 질투심으로 투기와 분쟁을 일삼으며 바울을 괴롭히던 사람까지 있었다. 그런데 이런 미숙한 이들을 대하는 바울의 반응과 태도는 어떠한가?

그러면 무엇이냐 겉치레로 하나 참으로 하나 무슨 방도로 하든지 전파되는 것은 그리스도니 이로써 나는 기뻐하고 또한 기뻐하리라 빌 1:18

당시 이 말씀으로 내가 받은 충격을 지금도 잊지 못한다. 그리고 당시에 할 수만 있으면 같이 공부하는 전도사님들과 나의 다른 점을 찾아내느라 골몰하며 마음을 닫았던 나의 내면 중심에 교만이 자리 잡고 있었음을 자각하게 되었다.

바울은 자신과는 많이 다른 주변 사람들, 자신과 기질도 다르고, 상황도 다르고, 심지어 자기를 괴롭히려는 이기적인 동기로 복음을 전하는 자들조차도 '같은' 복음을 전하고 있다는 '공통점'을 찾아내어 그것으로 기뻐하고 기뻐한다고 고백하는데, 나는 할 수만 있다면 내 주변의 동료 신학생들과 다른 점을 찾아내기에 바빴던 것이다.

이 사실을 깨닫고 많이 반성하고 회개했다. 이것이야말로 부끄럽기 짝이 없는 미숙한 모습임을 자각하게 된 것이다.

그리고 그날 새삼 깨달은 것은, 내가 발견하고 실망했던 몇 가지 모습들은 동료 신학생들이 보여준 약점임에 틀림없지만, 그러나 그 동료 신학생들이 갖춘 여러 강점들을 갖추지 못한 나 역시 약한 존재란 사실이다.

'이 부분'은 나보다 저 동료가 더 약하지만 '저 부분'은 내가 저 동료에 비해 말로 다할 수 없이 약한 것을 자각하고 나니, 내 눈에 보이는 그들의 약점이 더 이상 나를 실망시키거나 괴롭히지 못했다. 오히려 더 따뜻한 애정을 가지고 그들을 품고 기도하는 제목이 되었다.

그러던 어느 날, 학교에서 제공하는 셔틀버스를 타고 서울의 고속버스터미널까지 왔는데 그날을 잊을 수가 없다. 그날도 셔틀버스는 평소와 같이 아수라장이었다. 어떻게 해서든 앉아서 가려고 버스에 먼저 올라타려고 창문 너머로 가방 던지는 등 서로 경쟁하는데, 평소 같으면 '아이고 저런 저질들' 하고 혀를 끌끌 찼겠지만, 왠지 그날은 그 모습이 너무나 이해가 되었다. 사실 한 시간 넘게 버스를 타고 가야 하는데 얼마나 앉고 싶겠는가.

그렇게 한 시간을 달려서 고속버스터미널에 도착해 버스에서 먼저 내린 후 동료 신학생들을 싣고 떠나가는 버스의 뒷모습을 보는데 하염없이 눈물이 났다. 이렇게 연약하기 짝이 없는 우리를 사용하시는 하나님이 감사했고, 그런 연약한 '너와 내'가 함께 지내면서 서로를 품고 사랑하면서 함께 성장해갈 수 있도록 공통분모를 찾게 하셔서 하나 되게 하시고, 서로 용납하고 사랑하는 공동체로 세워주신 것이 너무 감사했다.

우리는 바울이 보여주었던 '공통점 찾기', 바울이 보여주었던 하나 되려고 노력하는 그 애씀을 회복해야 한다.

공통분모를 찾는 훈련의 장

교회는 문제가 많은 사람들이 모이는 곳이다. 소그룹 모임이나 제자훈련을 하다 보면, 열 명에서 열두 명 정도가 함께 모이는데, 그중에 문제 있는 사람이 꼭 한두 명은 껴 있다. 일부러 그렇게 배정하려고 해도 그렇게 할 수 없을 정도로 문제 있는 사람이 고루 배치되어 있다.

나는 여기에 하나님께서 원하시는 훈련의 법칙이 있다고 믿는다. 하나님은 너무나 완벽하여 흠도 티도 없는 사람들이 모여서 자기들끼리 만족하며 살도록 우리에게 공동체를 주신 것이 아니다. 나와 다른 것 때문에 끊임없이 괴로워하고 갈등하면서, 얼굴도 보고 싶지 않은 누군가에게 억지로 손을 내밀며 공통분모를 찾아가는 훈련의 장으로 공동체를 주셨다. 그렇기 때문에 예수님의 인격을 닮아가는 훈련인 제자훈련의 구성원 배치를 이렇게 하신다고 믿는다. 그렇다면 우리는 그 훈련에 어떻게 반응해야 하는가?

가정도 마찬가지다. 처음부터 백마 탄 왕자가 있을 것으로 착각한 사람이 잘못이지, 그 남자는 원래 그렇게 미숙하고 약점이 많은 남자였다. 자기 눈에 콩깍지가 낀 것을 탓해야지 누구를 탓하겠는가? 어디에도 완벽한 가정은 없다.

가끔 청년들이 나에게 이런 메일을 보내올 때가 있다.

"목사님, 목사님 같은 신랑감이 있으면 뒤도 안 보고 결혼하겠습니다."

그러면 나는 또 그걸 자랑하고 싶어서 아내에게 보여주는데, 아내는 그것을 보고는 씩 웃으며 이렇게 말한다.

"살아보라 그래."

조명 아래서는 다 그럴듯해 보인다. 하지만 인간의 의(義)라는 것이 다 거기서 거기다. 부부간에도 끊임없이 공통점을 찾아가려고 애쓰고, 연약한 부분들 가운데서 하나님이 주시는 은혜를 발견하려고 노력하며 몸부림쳐야 하는 것이다.

가정이나 교회나 다 나와 기질이 다르고 색깔이 다른 사람들 사이에서 서로의 공통분모를 찾아가면서 주님 앞으로 한 발 한 발 나아가는 여정 중에 있는 것이다. 나와 다른 그 모든 것들이 다 어우러져 하나가 되는 것이다. 이 아름다운 조화가 우리 안에서 일어나기를 바란다.

예수 안에서 하나 되어라

둘째로 관계 회복을 위해서는 우리가 하나가 되되, '예수 안에서' 하나가 되어야 한다.

에베소서 1장 12절까지의 말씀 속에 등장했던 '우리'가 13절에서 '너희'로 전환되는데, 거기에는 중요한 전제가 있다.

"그 안에서."

즉, '예수 그리스도 안에서'라는 전제가 붙는다. 인간은 죽었다 깨어나도 스스로의 힘으로 하나가 될 수 없다. 우리에게는 그런 실력이 없다. 우리에게는 바울처럼 나를 모함하고 괴롭히려는 사람을 수용할 능력이 없다. 그렇기 때문에 우리에게는 '예수 그리스도'라고 하는 중재자가 필요한 것이다.

> 이는 우리 기업의 보증이 되사 그 얻으신 것을 속량하시고 그의 영광을 찬송하게
> 하려 하심이라 엡 1:14

나와 너 사이의 담을 허물어주시는 분은 예수 그리스도이시다. 내 인격이 아니다. 나는 이 땅의 모든 교회들이 회복되기를 간절히 원한다.

그러나 그것은 우리가 가진 인격의 힘, 우리가 가진 교양의 힘이 아니라 내 안에 계시는 예수 그리스도의 힘으로 가능하다는 것을 잊어서는 안 된다.

몇 년 전에 부산의 '소년의 집'이라는 청소년 보호 시설에서 자란 아이들이 미국 카네기 홀에서 연주를 했다는 기사를 보았다. 엄청난 부자 부모를 만나 한 시간에 몇 십만 원씩 하는 과외를 받아도 그 자리에 서기가 쉽지 않은데, 불우한 환경에서 자란 아이들이 어떻게 카네기 홀에서 연주할 수 있었을까?

알고 보니, 세계적인 지휘자 정명훈 씨와 그 '소년의 집'이 결연을 맺고 나서 가능하게 된 일었다. 음악을 전공한 정명훈 씨의 아들이 소년의 집 아이들로 구성된 오케스트라의 지휘를 맡고 정명훈 씨가 연결해주어 카네기 홀에서 연주할 수 있게 된 것이다.

그 기사를 보면서 나는 꿈을 꾸기 시작했다. 모두가 다 자격이 없어서 불협화음을 낼 수밖에 없는 우리이지만, 지휘자 되신 예수 그리스도께서 우리 인생과 교회를 지휘해주심으로 그 지휘 아래에서 천상의 하모니를 내는 교회 공동체가 되는 꿈을 꾸기 시작한 것이다.

우리가 다 이 꿈을 꾸었으면 좋겠다. 지금도 가정 안에는 부부간에 다툼이 있고, 고부간에 갈등이 있고, 부모와 자녀 간에 불신이 있어 불협화음을 낼 수밖에 없는 우리이지만, 이런 문제, 저런 문제, 이런 아픔, 저런 아픔이 끊이지 않는 교회이지만 우리가 예수 그리스도의 손에 붙들려 그분이 지휘하시는 천상의 오케스트라에서 완벽한 하모니를 내는 공동체가 되기를 바란다.

그래서 결국은 하나님 아버지의 소원, 만물의 분열된 것들이 예수님 안에서 다시 한 번 하나 되는 그 놀라운 역사가 우리 시대에 일어나게 되기를 바란다.

에베소서 1장 13,14절

그 안에서 너희도 진리의 말씀 곧 너희의 구원의 복음을 듣고 그 안에서 또한
믿어 약속의 성령으로 인 치심을 받았으니 이는 우리 기업의 보증이 되사 그
얻으신 것을 속량하시고 그의 영광을 찬송하게 하려 하심이라

chapter 08

약속하신 성령이 도우신다

뜨거운 아버지의 사랑

언젠가 책을 읽는데 거기에 이런 에피소드가 담겨 있었다. 저자가 목사님이셨는데, 장례식에 참석하려고 새벽에 원효대교를 운전하며 건너다가 깜짝 놀랐다고 한다. 다리 중간쯤 지나가는데 시커먼 물체가 움직이고 있더라는 것이다. 그 새벽에 얼마나 놀랐겠는가?

가만히 보니 어떤 사람이 시커먼 양복을 입고 원효대교를 막 뛰어가고 있는 게 아닌가. 다 알겠지만 어두운 밤에 검정색 옷은 눈에 잘 안 띄기 때문에 위험하다. 게다가 인도도 아니고 차도를 검정색 옷을 입고 달리고 있었으니 얼마나 위험했겠는가? 깜짝 놀란 목사님은 속으로 이렇게 생각했다.

'아니, 이런 미친 사람을 봤나. 이 새벽에 인도도 아니고 차도 위

를 저 시커먼 옷을 입고 뛰면 어쩌자는 것인가?'

그러면서 조심히 차를 몰아 그 옆을 지나가는데, 그 모습이 어쩐지 눈에 많이 익었다. 가만 보니 자기와 같이 일하는 후배 목사님이었다. 그래서 비상 깜빡이를 켜고 차를 세우고는 그 목사님을 태우고 야단을 쳤다고 한다.

"이 새벽에 위험하게 대교 위를 그렇게 달리면 어떻게 해요?"

그랬더니 그 후배 목사가 하는 이야기가 기가 막혔다. 그 후배 목사에게는 두 살짜리 아들이 있는데, 간암 판정을 받았다고 한다. 그래서 하루라도 빨리 간이식을 해줘야 하는데, 자기가 간을 이식해주려고 검사를 받았더니 불행하게도 지방간 수치가 높아서 이식을 할 수 없다는 것이었다. 얼마나 마음이 탔겠는가?

'하루라도 빨리 지방간 수치를 내려야 아들을 살릴 수 있는데….'

그래서 그 목사님이 결심한 것이 심방을 가든 어디를 가든 무조건 뛰어가기로 했다는 것이다. 그날에도 장례식에 참석하기 위해 그 이른 새벽에, 검은 양복에 검은 넥타이를 매고 원효대교 위를 달리고 있었던 것이다.

그 부분을 읽는데 기도가 절로 나왔다. 기도하다 말고 그 책의 출간일을 확인했더니 2006년 10월에 나온 책이었다. 이미 모든 상황이 끝났을 시점이다. 그런 것도 생각 못하고 제발 간이식이 잘되게 해달라고 기도하고 있었으니, 진짜 웃긴 기도를 한 것이다. 어떤 할머니 권사님이 사극에 푹 빠지신 바람에 새벽예배에 나가서 "주님, 인현왕후를 살려주옵소서"라고 기도했다더니, 내가 그런 기도를 한 꼴이다.

그런데도 그 사연에 자꾸 마음이 짠해졌다. 당사자인 아이는 너무 어려서 자기가 지금 무슨 상황에 처해 있는지도 모를 텐데, 그 새벽에 원효대교를 달렸을 그 아버지의 모습을 상상하니 아들을 향한 아버지의 뜨거운 사랑이 느껴지면서 눈물이 났다. 그러다가 로마서 5장의 이 말씀이 떠올랐다.

> 우리가 아직 연약할 때에 기약대로 그리스도께서 경건하지 않은 자를 위하여 죽으셨도다 … 우리가 아직 죄인 되었을 때에 그리스도께서 우리를 위하여 죽으심으로 하나님께서 우리에 대한 자기의 사랑을 확증하셨느니라 롬 5:6,8

그 새벽에 원효대교를 열심히 달리는 아버지의 모습과 십자가에 내어줌을 당해 달리신 예수 그리스도의 모습이 오버랩 되면서 눈물이 많이 났다. 우리가 아직 연약할 때, 아직 철부지 죄인이었을 때, 내가 얼마나 치명적인 죄인인지조차 인식하지 못하던 그때에 우리를 위하여 십자가에 달리신 주님의 사랑이 너무 크게 다가왔다.

바울도 아마 그런 뜨거운 심정으로 에베소서를 기록했을 것이다. 울컥한 마음으로 에베소서 1장을 찬찬히 읽는데, 그 안에 담긴 한마디 한 마디가 얼마나 은혜가 되는지 모른다.

우리가 냉랭한 마음으로 읽어서 그렇지, 그 당시에 요즘 같은 녹화 장비가 있어서 바울이 편지 쓰는 장면을 녹화해놓은 자료 화면이 있었다면, 우리는 아마 뜨거운 눈물로 두 눈이 흐려져 그 화면을 제대로 볼 수 없었을 것이다. 그 차가운 감옥에서 하나님의 사랑을 마음으로 뜨겁게 느끼며 벅차오르는 감격으로 한 자 한 자 써내려간 것이 에베소서이기 때문이다.

그런 바울의 심정이 상상되면서 이런 기도가 나왔다.

"하나님, 현실적인 어려움에 직면한 성도들, 바울같이 억울한 상황에 갇혀 있는 성도들에게 바울이 경험했던 구원의 감격, 현실의 어려움을 뒤덮고도 남는 복음의 능력이 임하기를 기도합니다. 그리고 그렇게 오래 교회를 다녔어도 구원의 감격을 경험하지 못한 채 맨송맨송 교회만 드나들고 있는 성도들이 바울이 경험한 것과 같은 뜨거운 은혜의 감격을 경험할 수 있기를 바랍니다!"

아마도 이것이 모든 목자의 심정일 것이다. 이제 이런 마음으로 에베소서 1장 13,14절에 담겨 있는 하나님의 역사하심과 일하심에 대해 살펴보자.

성령 하나님의 일하심

성부 하나님께서 아무리 구원의 마스터플랜을 계획하시고 성자 예수님께서 십자가를 통해 그 길을 열어주셨다 할지라도, 불행하게도 죄로 인해 무기력해진 우리 인간에게는 하나님이 마련해주신 그 길을 발견할 눈이 없다. 설령 발견한다 해도 그 길을 걸어갈 수 있는 힘이 없다. 그래서 누군가 그 일을 도와주어야 하는데, 그분이 바로 성령님이시다.

또 성령으로 아니하고는 누구든지 예수를 주시라 할 수 없느니라 고전 12:3

성부 하나님께서 구원을 계획하시고, 성자 예수님께서 십자가를 통해 구원의 길을 열어주셨는데, 그 길로 갈 수 있도록 우리를 깨닫게 하시고 자각시켜주시는 분이 성령 하나님이라는 것이다.

그런데 에베소서 1장 13,14절의 성령님의 사역에 대한 말씀을 보면서 짚고 넘어가야 할 중요한 것이 한 가지 있다. 13절을 보자.

그 안에서 너희도 진리의 말씀 곧 너희의 구원의 복음을 듣고 그 안에서 또한 믿어 약속의 성령으로 인 치심을 받았으니 엡 1:13

바울은 지금 성령님이 행하시는 구원 사역에 대해 설명하고 있다. 여기서 중요한 것은 성령께서 일하시되 말씀과 함께 일하신다는 것이다. 즉 진리의 말씀이 들려지고 믿어지는 일을 성령님이 하신다는 것이다.

한국교회의 많은 성도들에게 성령님의 역할은 다소 감정적인 측면으로 부각되어 있다. 성령님을 예배나 집회 때 우리의 마음을 뜨겁게 하시고 눈물이 흐르게 하시는 분으로만 생각하는 것이다. 물론 맞는 말이다. 그러나 중요한 것은 그 뜨거움이나 감정적인 신비로운 체험 뒤에 반드시 말씀이 바탕 되어야 한다는 것이다.

베드로가 이 말을 할 때에 성령이 말씀 듣는 모든 사람에게 내려오시니 행 10:44

이 말씀을 보면 성령이 언제 임하셨다고 하는가? 베드로를 통해 하나님의 말씀이 선포될 때 임하셨다. 성령님은 말씀과 깊이 연관되어 있는 분이시다. 말씀이 선포되는 그곳에 성령이 임하시고, 말씀이 제대로 선포되는 그곳에 성령의 역사와 능력이 나타난다.

그런데 우리는 "불로, 불로"를 외치며 감정을 자극하는 것만 성령 충만이라고 오해하는 경우가 많다. 성령으로 충만하고 싶은가? 지금 성령의 임재로 가슴이 뜨거운가? 그렇다면 말씀으로 돌아가야 한다. 성령충만 받겠다고 이 사람 저 사람 찾아다니는 것은 정말 위험하다.

교회를 개척한 이후 8년이 되는 즈음에 안식년을 가졌다. 그때 안식년을 갖게 된 몇 가지 이유가 있었는데, 가장 결정적인 것은 분당우리교회에 이찬수 목사가 없어도 아무런 문제없이 잘 돌아간다는 것을 증명하고 싶었기 때문이다. 교회를 개척하고 교회가 갑자기 커지면서 담임목사의 위치가 너무 중요해져버렸다. 사람들이 나만 쳐다보는 것 같았다. 그때 안식년을 시작하면서 성도들에게 이렇게 말했다.

"이찬수 목사가 없어도 분당우리교회에 아무 지장이 없다는 것이 증명될 때 다시 돌아오겠습니다."

그리고 9개월도 채 안 되어 돌아왔다. 생각보다 훨씬 더 빨리 증명되었기 때문이다. 안식년에 들어간 바로 다음 주에 교회 홈페이지에 들어가 보니 어떤 성도가 이런 글을 써서 올렸다.

"담임목사님이 안 계시면 어떡하나 걱정했는데, 괜한 걱정을 했습니다. 외부 강사님이 주시는 말씀이 너무 좋아서 말입니다."

아마도 그 글을 읽는 내 곁에 나를 아끼는 분이 함께 있었다면 '목사님 섭섭하시죠?'라며 위로해주었을지 모를 일이다. 그러나 섭섭하지 않았다. 오히려 기뻤다. 내가 생각하고 또 꿈꾸는 분당우리교회는 설교자인 '그 사람'이 중요한 것이 아니라 그 사람이 전하는 '말씀'이 중요한 교회이기 때문이다. 교회를 개척한 담임목사가 교회에 있든 없든, 그것이 중요한 게 아니다. 교회에서는 하나님만 중요하시면 된다. 사람이 너무 중요해지는 것은 위험하다.

담임목사를 비롯하여 '사람'이 중요한 교회는 다 변질된다. 다시 강조한다. 사람이 중요한 교회가 아니라 그 사람이 전하는 '말씀'이 중요한 교회가 되어야 한다. 성령님은 말씀을 바탕으로 일하시는 분이다. 그러니 성령충만 받기 위해 이 사람 저 사람 찾아다니기보다 자꾸 말씀으로 돌아가야 한다. 이것이 본문에서 얻을 수 있는 교훈이다.

약속의 성령

본문에서 성령과 관련하여 중요한 용어 몇 가지를 발견할 수 있다. 그중 하나가 13절 하반절에 나오는 '약속의 성령'이란 표현이다. 왜 성령님을 묘사할 때 '약속의 성령'이라고 했을까? 여기엔 두 가지 의미가 담겨 있다. 하나는 성령을 보내주겠다고 하신 약속이 성취되었다는 뜻이다.

예루살렘을 떠나지 말고 내게서 들은 바 아버지께서 약속하신 것을 기다리라 … 너희는 몇 날이 못 되어 성령으로 세례를 받으리라 하셨느니라 행 1:4,5

예수님은 부활하시고 승천하시기 전에 이렇게 약속하셨다. 그리고 그 약속대로 제자들은 열흘 만에 성령을 경험했다.

그리고 또 하나 '약속의 성령'이란 표현에는 우리가 회개하고 예수님 앞에 나아가면 모든 심령에게 성령을 주겠다고 약속하셨다는 의미가 담겨 있다. 그래서 성령님은 '약속의 성령'이시다.

성령님의 인 치심

13절에 성령님과 관련해 중요한 용어 하나가 더 나온다. 바로 '인 치심'이란 단어이다.

약속의 성령으로 인 치심을 받았으니 엡 1:13

'인 친다'는 것에도 두 가지 의미가 있다. 하나는 소유를 확정하는 행위이다. 고대사회에서 주인은 소유한 가축이나 노예에게 불에 달군 쇠도장으로 인을 쳤는데, 그것은 '이것은 내 소유다'라는 것을 확정하는 행위였다. 따라서 우리가 성령의 인 치심을 받았다는 것은 '우리가 하나님의 소유가 되었다'는 뜻을 가지고 있다.

디모데후서 2장에 이런 말씀이 있다.

> 그러나 하나님의 견고한 터는 섰으니 '인 침'이 있어 일렀으되 주께서 '자기 백성'을 아신다 딤후 2:19

이 말씀처럼 '인 치심'은 소유에 관한 문제이다.

두 번째로 '인 치심'은 자기 소유를 보호해주시겠다는 하나님의 의지가 담겨 있는 메시지이다.

'아라본' 되시는 성령님

성령과 관련하여 등장하는 또 하나의 중요한 용어는 14절에 나오는 '기업의 보증'이란 표현이다.

> 이는 우리 기업의 보증이 되사 엡 1:14

여기서 '보증'이란 단어는 헬라어로 '아라본'인데, 이는 주로 상업적인 영역에서 사용되는 용어이다. '아라본'을 요즘 우리 식으로 쉽게 설명하자면 '계약금'이다. 차를 사거나 집을 마련할 때 지불하는 계약금이 바로 '아라본'이다. 신약성경에는 '아라본'이란 단어가 두 번 더 등장하는데, 모두 성령님과 관련된 내용이다.

> 그가 또한 우리에게 인 치시고 '보증'으로 우리 마음에 성령을 주셨느니라
> 고후 1:22

> 곧 이것을 우리에게 이루게 하시고 '보증'으로 성령을 우리에게 주신 이는 하나님
> 이시니라 고후 5:5

본문에 보면 "이는 우리 기업의 보증이 되사"라고 되어 있는데, 이는 약간 정확하지 않은 번역이다. 원어로 보면 '이는'이 아니라 '이 성령은'이라고 되어 있다. 즉, 성령이 주시는 어떤 것이 보증이 아니라 성령님 자체가 보증, 곧 '아라본'이시란 것이다.

그러면 성령님이 무엇을 보증해주신다는 것인가? 기업을 보증해주신다. '기업'이란 것은 우리가 하나님 앞에서 누리게 될 모든 축복을 의미한다. 이 표현은 18절에도 나온다.

> 너희 마음의 눈을 밝히사 그의 부르심의 소망이 무엇이며 성도 안에서 그 기업의
> 영광의 풍성함이 무엇이며 엡 1:18

성령께서 우리 기업의 보증이 되신다는 것은, 장차 우리가 누리게 될 영광스런 하나님의 약속들이 가짜가 아니라 실제로 이루어질 일임을 보증해주신다는 것이다. 그리고 더 중요한 것은 어렵고 힘든 이 땅을 살아가는 우리에게 그 영광의 풍성함을 미리 맛보게 해주신다는 것이다. 그 영광스러운 약속들이 성취되어가는 것을 누리도록 도와주신다는 것이다.

나는 우리가 기왕 신앙생활을 하는데 막연하고 뜬구름 잡는 것 같은 신앙생활, 죽어야 효력이 나타나는 신앙생활 말고, 오늘 바로 이 시간에 '아라본' 되시는 성령님으로 말미암아, 이미 보증금을 치러주신 하나님의 은혜로 말미암아 이 땅에서 천국을 미리 살아갈 수 있기를 바란다.

성령을 모시고 살 때 각인되는 것

'약속의 성령', '인 치심', '기업의 보증', 이 세 단어는 성령님을 생각할 때마다 늘 기억해야 할 매우 중요한 용어들이다. 이것들이 왜 중요한가 하면, 이 세 가지 용어를 마음에 품고 살면 우리 마음속에 각인되는 두 가지 단어가 있기 때문에 그렇다.

그리스도인 된 긍지

첫 번째 단어는 '긍지'이다. 앞에서 인을 치는 행위가 소유와 관계 있다고 했는데, 14절에는 이런 말씀이 있다.

> 이는 우리 기업의 보증이 되사 그 얻으신 것을 속량하시고 엡 1:14

여기서 '얻으신 것'이란 부분도 원어로 보면 '소유하신 것'이라고 번역하는 것이 더 정확하다. 원어로 '페리포이에시스'라는 단어인데, 이 단어가 쓰인 곳이 한 군데 더 있다.

> 그러나 너희는 택하신 족속이요 왕 같은 제사장들이요 거룩한 나라요 그의 소유
> 가 된 백성이니 벧전 2:9

여기에 나오는 '소유가 된'이라는 표현이 에베소서 1장 14절에서 '그 얻으신 것을'이라고 할 때 쓰인 단어와 같다. 무슨 뜻인가? 우리는 이제 하나님의 소유가 되었다는 것이다. 이 사실을 잊어서는 안 된다. 내가 비록 이 땅에 발을 딛고 살아가지만, 그러나 나는 이 땅에 속한 존재가 아니라 하나님께 속한 하나님의 사람이라는 사실을 기억해야 한다. 그리고 그것이 나 자신에 대한 긍지로 이어지도록 해야 한다.

이처럼 신분에 대한 긍지를 갖는 것이 우리에게 얼마나 중요한지 모른다. 요한일서 1장 1절을 보자.

> 태초부터 있는 생명의 말씀에 관하여는 우리가 들은 바요 눈으로 본 바요 자세히
> 보고 우리의 손으로 만진 바라 요일 1:1

긍지가 뚝뚝 묻어나지 않는가? 예전에 영화 〈타짜〉에서 배우 김혜수 씨의 이 대사가 크게 화제가 된 적이 있다.

"나 이대 나온 여자야!"

이대 나온 것 가지고 그렇게 긍지를 가지고 으스대며 살 수 있다면, 하나님의 자녀인 우리에게 그보다 더 긍지가 없어서야 되겠는가? 솔직히 사람들과 모인 자리에서 은근슬쩍 좋은 대학 나온 걸 자랑하고 싶어 하는 사람은 있어도 자기가 하나님의 자녀인 것을 자랑하고 싶어 하는 사람은 별로 없다. 하나님의 자녀 된 긍지가 없는 것, 바로 여기서부터 모든 문제가 파생된다.

그런데 성령님이 우리 마음에 임하시면 좋은 대학 나온 것보다, 좋은 직장에 다니는 것보다 내가 하나님의 자녀가 된 것에 더 긍지를 가지게 된다. 바로 이런 긍지를 갖게 되는 것이다.

보라 아버지께서 어떠한 사랑을 우리에게 베푸사 하나님의 자녀라 일컬음을 받게 하셨는가, 우리가 그러하도다 요일 3:1

그런 사람들에게는 이런 효과가 나타난다.

주를 향하여 이 소망을 가진 자마다 그의 깨끗하심과 같이 자기를 깨끗하게 하느니라 요일 3:3

하나님의 자녀라는 신분의식과 긍지는 세상의 악한 것들과 추한 죄악들이 유혹할 때 흔들리지 않는 능력이 된다.

오늘날 교회와 성도들이 하루가 멀다 하고 사고를 치는 이유가 무엇인가? 이런 긍지가 없기 때문이다. 목사가 부끄러운 자리에 빠지지 않기 위해서는 이 긍지를 회복해야 한다. '난 하나님이 쓰시는 하나님의 사람'이라는 긍지가 있다면 최소한 세상에서 목사라는 신분을 종잇장 구기듯이 구겨서 바닥에 던져버리는 저급한 일들은 행하지 않을 것이다.

하나님의 자녀 된 우리 모두가 다 이런 긍지를 가지고 살아가기를 바란다.

"난 하나님의 자녀야. 하나님이 나를 인 쳐주셨어. 하나님이 예수 그리스도의 십자가를 통해 나를 살려주셨어! 어린 자녀를 살리기 위해 이른 새벽 원효대교를 달린 아버지와 같은, 아니 그보다 더한 사랑을 받으며 나는 여기까지 달려왔어!"

이 긍지가 우리를 하나님의 자녀답게 만드는 원동력이 된다.

이 땅에서 천국을 사는 소망

두 번째로 우리가 마음에 성령님을 늘 모시고 살면 '소망'이란 단어가 각인된다.

앞에서 성령님이 우리의 '아라본', 곧 기업의 보증이 되신다고 했는데, 이것이 어떻게 소망으로 연결되는가? 우리가 곧 집을 살 예정이라고 생각해보자. 단칸방에서 시작하여 악바리같이 돈을 아끼고 저축해서 작은 아파트를 장만했다. 드디어 내 집이 생긴다는 두근거리는 마음으로 계약서를 작성하고 계약금을 보냈다. 보통 계약금은 집값의 10퍼센트 정도밖에 안 한다.

계약을 하고 계약서를 받아와도 아직까지는 내 집이 아니다. 그런데 무슨 일이 생기는가? 벌써 내 집인 것 같은 희망이 생긴다. 그 때부터 벌써 머릿속으로 집의 구조를 따져가면서 가구는 어떻게 넣고, 이 방은 아이들 주고, 저 방은 어떻게 쓰면 좋겠다면서 집 꾸미기에 여념이 없다. 중도금을 치르고 잔금까지 치러야 완전히 내 집이 되는 것이지만 마음에 소망이 생기는 것이다. 그 집에 대한 희망이 있으니 이미 그 집은 내 집이나 다름없다. 성령님이 이 역할을 해주시는 것이다.

눈으로 보면 초라하고 보잘것없는 인생이지만 성령께서 친히 아라본, 즉 계약금 역할을 행해주시기 때문에 우리는 이 땅에서 살아가면서도 날마다 소망을 가지고 천국을 바라볼 수 있는 것이다. 이런 의미에서 믿음의 반대말을 '불신앙'으로 볼 수도 있지만 '절망'으로 정의할 수도 있을 것 같다. 단테의 《신곡》에 보면 지옥의 문패에 이런 문구가 있다고 한다.

'이제부터 이곳에 들어오는 사람은 모든 소망을 버릴지어다.'

다른 데가 지옥이 아니다. 모든 소망을 빼앗긴 상태가 지옥이다. 즉 우리가 이 땅에 살면서 벌써 지옥을 살 수도 있다는 것이다. 희망을 다 빼앗기면 그게 바로 지옥이다.

> 우리가 소망으로 구원을 얻었으매 롬 8:24

아직은 보이는 게 없다. 죽어봐야 천국이 있는지 없는지 알지, 지금 어떻게 알겠는가? 궁금하다고 죽어볼 수도 없는 노릇이다. 그런데 성령님이 보증금 역할을 해주심으로 우리가 천국을 당겨서 이 땅에서 미리 맛본다는 것이다. 희망을 경험한다는 것이다. 아무리 어렵고 절망적인 상황이 찾아와도 '왜 이래? 내 안에는 아라본 되시는 성령님이 계셔! 나는 하나님의 자녀야! 나는 이제 천국을 소유하게 된 사람이야!' 하는 소망을 갖게 되는 것이다.

성령의 소망을 공유할 때 하나 된다

이 부분을 묵상하다가 중요한 것 한 가지를 더 발견했다. 앞에서 13절에서 일어나는 '인칭의 변화'가 중요하다는 이야기를 했다. 12절까지는 계속 '우리가, 우리는, 우리에게' 등 '우리'를 주어로 사용했는데, 성령님에 관한 언급이 시작되는 13절로 넘어가면서는 인칭이 '너희'로 바뀌었다. 그런데 14절에 들어와서는 인칭이 다시 '우리'로 바뀐다.

여기에 깊은 의미가 있다. 12절까지의 '우리'는 좁은 의미의 '우리', 유대인이라는 공통분모가 있는 사람들끼리의 '우리'이다. 12절까지의 말씀에서 좁은 의미의 '우리'가 사용되다가 13절에서 그 좁은 의미의 '우리'가 '너희'로 지경을 넓히고, 다시 14절에서 성령의 은혜로 '너희'까지도 포함하는 폭넓은 '우리'로 발전한 것이다.

내가 여기서 깨달은 진리는 이것이다. 모든 것을 포용하는 진정한 의미의 '하나 됨'은 성령께서 주시는 '미래에 대한 소망'을 공유할 때 이루어진다는 사실이다.

지금은 비록 어려움도 많고 문제도 많지만, '약속의 성령', '성령으로 인 치심', 그리고 그 인 치심으로 인하여 장차 누리게 될 영광들에 대한 '성령님의 보증'으로 말미암아 우리 마음속에 미래에 대한 소망이 생기고, 생겨난 그 소망을 함께 나눌 때에 우리는 진정 하나가 될 수 있다는 사실을 기억해야 한다.

교회가 단합대회 하고 맛있는 것 먹으러 다닐 때 하나 되는 것이 아니다. 진정한 하나 됨이란 성령님이 우리 안에 임하시고, 임하신 그 성령님이 나와 그 사람으로 하여금 성령께서 주시는 한 소망을 공유하도록 하실 때 진정한 하나가 되는 것이다.

이런 점에서 나는 가정의 하나 됨을 위해 기도한다. 사실 죄성을 가진 인간들이 만나 이룬 가정이니, 어찌 보면 가정이 위기를 맞는 것은 당연한 일인지도 모른다. 동화책을 보면 결혼하기 직전에, 혹은 결혼식을 올리자마자 서둘러서 이야기를 끝내버린다. "두 사람이 결혼하여 잘 먹고 잘 살았더란다"라는 식으로 서둘러 동화를 끝내는 이유가 무엇이겠는가? 결혼 이후를 그리려면 양상이 너무나 복잡해지기 때문이다.

우스갯소리 같지만 이것이 우리 가정들의 현실이다. 백마 탄 왕자인 줄 알고 결혼한 가정이 한둘인가? 숲속의 예쁜 공주 출신들이 한둘인가? 그렇게 서로 죽고 못 살아서 결혼했는데, 지금은 어떤가? 왜 그렇게 무덤덤하게 사는가? 우리가 무엇을 잃어버렸는가? 처녀 시절, 총각 시절에 품었던 가정을 향한 꿈과 소망을 잃어버렸다. 실제로 써 붙이지 않아서 그렇지, "이제부터 이곳에 들어오는 사람은 모든 소망을 버릴지어다"라는 팻말이 달려 있는 가정들도 많다.

그렇기 때문에 나는 소망하며 기도한다. 이렇게 사랑을 잃어버리고 부부 갈등과 어려움을 겪는 가정들마다 성령님이 임하시기를….

성령님이 임하시면 소망이 생겨난다. 잃어버렸던 희망이 회복된다. 지옥 같던 가정에 소망이 찾아온다. 비록 우리가 지금은 갈등 중이지만, 남편이 미숙하지만, 아내가 미숙하지만, 성령님이 우리 안에 임하심으로 우리는 더 성숙해질 수 있고, 더 하나가 될 수 있다는 소망이 생긴다.

교회도 마찬가지다. 좋은 교회, 나쁜 교회는 없다. 성령님이 주시는 소망이 자리 잡고 있는 교회, 그렇지 않은 교회로 나뉠 뿐이다. 교회는 날마다 소망을 향하여 나아가야 한다. 이것이 교회를 하나 되게 만드는 원동력이다.

사실 교회에 이상한 사람이 얼마나 많은가? 그러나 문제 많고 괴

팍한 사람이 많아도 그 자리에 성령님이 친히 함께하셔서 꿈과 소망을 주심으로 하나가 되는 공동체가 바로 교회이다. 그러므로 우리는 다 이 말씀을 마음에 새겨야 한다.

너희도 성령 안에서 하나님이 거하실 처소가 되기 위하여 그리스도 예수 안에서 함께 지어져 가느니라 엡 2:22

성령 안에서 이루는 하모니

몇 년 전에 〈하모니〉라는 영화를 보며 많이 울었다. 청주여자교도소가 배경인데, 그 안에 온갖 사연 있는 여자들이 다 모여 있었다. 폭력 남편의 폭력을 피하다 우발적으로 남편을 살해한 여자, 어릴 때부터 의붓아버지에게 성폭행을 당했는데 그 의붓아버지를 밀치다가 살해하게 된 여자, 남편의 외도를 목격하고 격분하여 남편과 내연녀를 차로 치어 죽인 여자 등 온갖 사연과 아픔을 가진 여자들이 거기에 모여 있었다. 그렇게 상처 받은 사람들이 모여 있으니 그 안에서 무슨 공동체가 이루어졌겠는가? 마음을 닫고 서로를 냉대하며 날마다 싸움질하는 끔찍한 장면이 계속되었다.

그런데 그런 그들에게 변화가 찾아왔다. 영화는 그렇게 받은 상처 때문에 닫힌 마음으로 서로를 미워하던 그들이 '음악'이란 매개를 통해 하나 되는 과정을 그리고 있다.

합창대회에서 좋은 성적을 내면 특박을 받아 외출하는 특권이 주어진다는 사실을 알고 합창단을 조직했다. 젊은 시절에 남편의 외도 현장을 목격하고는 순간적으로 격분하여 남편과 상대방 여자를 죽인 죄목으로 사형 선고를 받은 할머니가 합창단 지휘를 맡았다.

나는 그 할머니를 중심으로 음악을 통해 하나가 되어가는 과정을 그리고 있는 이 영화를 보면서, '이게 바로 교회다'라는 생각을 했다. 교회는 죄인들이 모인 곳이다. 문제 많은 사람들이 모인 곳이다. 이런 저런 일로 마음이 찢기고, 사람을 불신하고, 상한 마음을 가진 사람들이 모인 곳이 교회이다. 교회를 인도하는 지도자인 목사도 예외가 아니다. 그런 문제투성이 안에서, 영화 속에서 음악이 매개가 되는 것처럼 성령의 소망이 매개가 되어 어우러지는 하모니를 이루는 공동체가 바로 교회 아닌가?

영화 속 주인공들은 결국 훌륭한 합창단으로 하모니를 이루어 공연을 성공적으로 마친다. 그러고 나서 해피엔딩으로 영화가 끝나면 얼마나 좋았을까? 그런데 그러지 못했다. 공연을 마치고 지휘를 맡았던 할머니의 사형 집행일이 정해진 것이다. 영화는 그 할머니가 사형장으로 가면서 끝이 난다.

그 영화를 보고 내내 우울한 기분이 들었는데, 다음날 새벽에 묵상하는 가운데 큰 깨달음이 있었다. 다시 생각해보니, 그 영화의 클라이맥스는 마지막 장면이었다.

비록 영화에서 음악이 교도소 안에 있는 사람들의 마음을 여는 역할을 했고 그들에게 희망을 심어주는 역할을 했지만, 그러나 음악은 사형선고 받은 그 사람을 구원하지 못하더라는 것이다. 그렇기 때문에 아무리 성공적인 합창 지휘를 이루어낸다 하더라도 결국은 사형장으로 끌려가는 인생의 모습을 그린 것이다. 이것이 인간 노력의 한계이다.

이런 관점을 깨닫고 나니 그 영화를 보고 나서 더 큰 감격이 있었다. 우리에게는 그 영화에 없는 약속의 성령님이 계시다는 것이었다. 그렇기에 우리의 삶은 결국 희망 없이 죽어간 할머니가 등장하는 그 영화와는 다른 결론을 내게 된다는 사실을 기억해야 한다.

나는 이 사실을 온 몸으로 경험했다. 사실 20대 초반에 경험한 이민 초기의 나는 아무 희망이 없던 삶, 그 자체였다. 지옥의 문구처럼, 모든 희망이 다 버려진 상태였다. 그랬던 내가 이처럼 희망으로 가슴 벅찬 인생으로 변화될 수 있었던 비결은 예수님을 영접한 나에게 성령님이 함께해주셨기 때문이다.

오늘도 하나님은 일하고 계신다. 우리가 하나님 앞에 돌아오기만 하면 약속의 성령께서 변화시켜주신다. 우리에게 희망을 주신다. 이 약속의 성령이 우리의 깨어진 가정을 치유해주시기를 바란다. 이 약속의 성령이 미숙하기 짝이 없는 교회 공동체를 소망으로 하나 되게 해주시기를 바란다.

IDENTITY

에베소서 1장 13,14절
그 안에서 너희도 진리의 말씀 곧 너희의 구원의 복음을 듣고 그 안에서 또한
믿어 약속의 성령으로 인 치심을 받았으니 이는 우리 기업의 보증이 되사 그
얻으신 것을 속량하시고 그의 영광을 찬송하게 하려 하심이라

chapter 09

가슴 뛰는 사명으로 살아라

어떻게 & 왜

몇 년 전부터 입체영화인 3D영화나 3D영화에 물리적 효과를 더한 4D영화가 인기를 끌고 있다. 물론 모든 장르의 영화에 적용되는 것은 아니지만, 화려한 스케일을 자랑하는 영화일수록 3D나 4D영화로 좀 더 입체적이고 생생하게 즐기는 것을 선호한다.

3D영화를 보러 가면 영화관 입구에서 안경을 하나씩 나눠준다. 그 안경을 쓰고 영화를 보면 영화 속에서 날아다니는 화살이 꼭 나에게 날아오는 것 같아서 나도 모르게 움찔 하며 피하게 된다. 언젠가 3D영화를 보던 중에 문득 궁금해져서 안경을 벗어봤다. 그랬더니 화면 두 개가 흐릿하게 겹쳐 있었다. 그리고 방금 전까지 나에게 날아오던 화살도 더 이상 날아오지 않았다.

그걸 보고 '아, 이게 카메라를 여러 대 놓고 원거리, 근거리 촬영한 것을 합성하여 안경으로 착시현상을 일으키는 거구나' 하는 생각을 했다. 원거리와 근거리가 조화롭게 합성되면 그것이 3차원적으로 실감나게 보이게 되는 것이다.

에베소서 1장 말씀을 잘 읽어보면 마치 원거리와 근거리가 아름답게 조화를 이루어서 3D영화가 되는 것처럼, 조화로운 신앙생활을 위한 중요한 포인트를 전하고 있음을 볼 수 있다.

지금까지 살펴본 에베소서 1장 3-14절의 말씀을 정리해보면, 두 가지 질문으로 요약된다. 첫 번째 질문은 '어떻게?'의 문제이다.

"우리는 어떻게 하나님의 백성이 되었는가? 우리는 어떻게 구원을 받았고, 어떻게 은혜를 누렸는가?"

두 번째 질문은 '왜?'에 관한 것이다.

"하나님은 왜 이런 은혜를 주셨는가? 왜 우리로 하나님의 백성이 되게 하셨는가?"

'어떻게'와 관련한 질문은 구원의 감격과 연결되는 것이고, '왜'와 관련한 질문은 우리의 사명과 연결되는 것이다. 우리는 이 두 가지가 조화를 이루는 신앙생활을 해야 한다.

그런데 지금까지 우리의 신앙생활을 되돌아보면, 구원의 감격에 기뻐하고 가슴 벅차고 뜨거워지는 데 치우쳐 하나님이 우리를 왜 구원해주셨는지를 생각해보는 데는 조금 약했던 것 같다. 그래서 마치 3D영화를 안경을 벗고 흐릿하게 보는 것 같은, 온전하지 못한 신앙생활을 해왔던 것은 아닌가 싶다.

이런 각도로 에베소서 1장 3-14절의 말씀을 다시 분석해보면 바울은 각 단락마다 이 두 가지 질문인 '어떻게'와 '왜'의 문제를 균형 있게 다루고 있다는 것을 알 수 있다.

먼저 3-6절에서는 성부 하나님께서 구원 사역에 '어떻게' 일하셨는지를 설명한 후에 '왜'라는 질문에 대한 대답으로 말씀을 마무리한다. 6절을 보라.

'이는' 그가 사랑하시는 자 안에서 우리에게 거저 주시는 바 그의 은혜의 영광을 찬송하게 하려는 것이라 엡 1:6

성자 예수님과 관련된 7-12절의 말씀도 마찬가지이다. 7-11절에서 성자 예수님이 구원 사역에 '어떻게' 일하셨는지를 설명하고, 12절에서 '왜' 그렇게 하셨는지를 설명하면서 말씀을 마무리한다.

'이는' 우리가 그리스도 안에서 전부터 바라던 그의 영광의 찬송이 되게 하려 하심이라 엡 1:12

성령 하나님의 역사를 설명하는 13,14절도 똑같은 구도이다. 13절에서 성령 하나님이 '어떻게' 일하셨는지를 설명한 후에 14절에서는 그렇게 하신 이유를 이렇게 설명한다.

'이는' 우리 기업의 보증이 되사 그 얻으신 것을 속량하시고 그의 영광을 찬송하게 하려 하심이라 엡 1:14

이처럼 바울은 삼위 하나님께서 우리를 구원하시기 위해 각각의 놀라운 구원 사역을 이루어주신 데 대한 '구원의 감격'을 피력하는 것에 그치는 것이 아니라, 그 감격을 '왜 나를 구원하셨나'라고 하는 사명으로 연결시키고 있다.

이런 포인트로 본문을 읽다 보면, 이와 관련하여 우리에게 주시는 두 가지 교훈을 발견할 수 있게 된다.

구원의 감격은 사명으로 연결되어야 한다

첫 번째로 우리가 가진 '구원의 감격'은 '삶의 목적과 사명'으로 연결되어야 한다는 것이다.

우리도 바울처럼 6절, 12절, 14절에 걸쳐 반복되어 '이는'이라고 표현되는 뚜렷한 삶의 목적과 이유를 갖고 있어야 한다. 다시 말해서 삼위 하나님의 구원 계획을 깨닫고 기뻐하고 감사하는 데서 멈추지 말고, 그 감사와 감격을 사명에 대한 자각으로 연결해야 한다는 것이다.

불교계에서 존경받던 법정 스님이 돌아가시면서 네 가지 지침을 남겼다고 한다.

첫째, 많은 사람에게 수고만 끼치는 장례의식은 일체 하지 마라.

둘째, 관과 수의를 따로 마련하지 말고, 이웃에 방해되지 않는 곳에서 지체 없이 평소 입은 승복 그대로 장례를 치르라.

셋째, 사리를 찾으려 하지 마라(사리라는 것은 도를 오래 닦으면 몸에서 나오는 것인데, 그것을 찾지 말라는 것은 명예를 향한 마음을 내려놓았다는 뜻 같다).

넷째, 탑도 세우지 마라.

그것과 더불어 엄청난 액수의 인세를 이름 없이 장학 기금으로 기부한 사실도 함께 밝혀져서 신문마다 그 분의 생전 업적을 기리며 대서특필했다.

김수환 추기경의 장례식 때도 비슷한 분위기였다. 후에 이야기를 들어보니, 그 분의 솔선수범으로 한때 장기기증 열풍이 불어, 김수환 추기경이 돌아가시던 해에 국내 장기기증 신청자가 급증하여 6,250건에 달했다고 한다.

이런 기사를 볼 때마다 '너희 목사들은 뭐하고 있는가? 스님들도, 신부님도 이렇게 본을 보이고 있는데 너희 목사들은 뭐하고 있는가?'라는 비아냥거리는 소리가 들리는 것 같아서 스스로 부끄러움을 느낀다.

물론 주어진 자리에서 묵묵히 선을 베풀며 살아가는 무명의 목사님들이 많이 계시고, 기독교는 불교나 천주교처럼 중앙에서 그러한 일들을 체계적으로 알릴 수 있는 시스템이 아니기 때문에 알려지지 않은 부분이 많은 것도 사실이다.

그럼에도 불구하고 반성이 되는 것은, 우리나라 사회에 비치는 교회의 이미지가 상대적으로 너무 이기적이고 자기 욕심만 채우는 곳으로 인식되어 있다는 사실이다. 이것을 생각하면 마음이 정말 아프다.

언젠가 교회 홈페이지에서 충격적인 글을 하나 봤다. 우리 교회에서는 제자훈련을 받는 분들에게 이론만 배울 것이 아니라 실제 삶에서 사랑을 실천해야 한다는 취지에서 현장에서 봉사를 하도록 하는데, 제자훈련을 받으시는 어느 훈련생이 주차봉사를 하게 되었던 것 같다. 그런데 이분이 그날, 충격을 받고 교회 홈페이지에 글을 올렸다. 제목이 이랬다.

"1년 동안 먹을까 말까 한 욕, 1시간 30분에 먹기."

좁은 골목에 차를 세우면 다른 차들이 지나가기 어렵다는 것을 잘 알면서도 골목길에 버젓이 차를 세우고 예배드리러 가는 사람들이 너무 많았다는 것이다. 그러니 등산하러 가는 사람들이 한마디씩 했더란다.

"저, 저, 교회 다니는 사람들 하는 짓 좀 봐라!"

이렇게 1시간 30분 동안 욕을 먹고 나자 그 분이 시험에 들었다. 물론, 주차 공간은 협소한데 지각하지 않고 예배드려야 한다는 마음이 앞서다보니 그런 실수를 했을 것이라고 이해해드리고 싶다. 하지만 이런 양해를 목사인 나 말고 어느 이웃 주민이 할 수 있겠는가? 이런 작은 데서 드러나는 우리의 이기적인 모습들이 결국 기독교를 이기적이고 자기들만 아는 종교로 규정짓게 만드는 것이 아닐까?

예배는 희생이다. 헌신이다. 내가 은혜의 감격을 누리기 위해 다른 사람에게 피해를 주는 것은 예배 행위가 아니다. 교회에 주차 공간이 부족하기 때문에 차를 가지고 오지 않는 것, 그래서 불편하지만 버스를 타려고 정거장에 서 있는 것, 거기서부터 예배가 시작되는 것이다.

만일 우리가 하나님 앞에서 날마다 구원의 감격을 노래하고 '나는 선택받은 하나님의 백성이다'라면서 그 감격에만 취해, '하나님이 왜 나를 구원해주셨는가' 하는 사명을 간과한다면 비싼 돈 내고 3D영화를 보러 가서는 안경을 벗고 흐릿하고 일그러진 화면만 보는 것과 같은 이상한 신앙생활을 하는 셈이다.

가슴 뛰는 사명이 있는가?

목회를 하다 보면 유명 정치인이나 각 분야에서 주목 받는 유명인들을 만날 기회가 있다. 어떤 분은 TV나 뉴스에서 볼 때와 그 모습이 똑같아서 더욱 존경하게 되는 경우가 있고 또 그 반대의 경우도 있다. 그동안 만나본 유명인사 중에 오래 기억에 남는 분이 있다. 한비야 씨다.

나와 만났을 때가 50세가 훌쩍 넘었을 때였는데도 한비야 씨는 꼭 여고생 소녀 같았다. 헤어지면서 자신의 저서인 《지도 밖으로 행군하라》를 선물하면서, 책에다 사인과 함께 편지처럼 글을 써주었는데, 그 내용도 소녀같이 맑은 글이었다. 그 분을 보면서 '이분이 TV에 나와서 보인 모습이 가식이 아니라 진짜 자기 삶 자체구나'라는 생각을 했다.

한비야 씨는 원래 오지탐험가였다. 본인이 가고 싶은 곳으로 다니며 모험하는 것을 즐기던 사람이었는데, 어느 날 갑자기 월드비전의 긴급구호팀장으로 변신했다. 그러자 어느 대학생이 이렇게 물었다고 한다.

"아니, 재미있는 세계여행이나 계속하시지 왜 힘든 긴급구호 일을 하게 되었어요?"

그러자 자기도 모르게 이런 대답이 툭 튀어나왔다고 한다.

"이 일이 내 가슴을 뛰게 하고 내 피를 끓게 만들기 때문이죠."

그렇게 말하고 본인도 깜짝 놀랐다고 한다. 그 말에 담긴 사연이 있기 때문이었다.

탐험가였던 한비야 씨가 긴급구호가로 변신하는 데 막대한 영향을 끼친 사람이 있는데, 케냐의 40대 안과 의사였다. 그가 케냐에서 얼마나 유명한 의사였는지, 그를 만나려면 대통령이라도 며칠을 기다려야 할 정도라고 한다. 아마 환자가 그만큼 많다는 의미인 것 같다. 그런데 그렇게 유명한 의사가 오지로 들어가 풍토병이나 전염병 환자들을 무료로 돌보고 있더라는 것이다.

한비야 씨가 이분을 처음 만나던 당시에도 그는 풍토병이 난무

하는 오지의 어느 이동병원에서 몸에 진물이 흐르는 환자를 돌보고 있었다. 그런 그를 보고 한비야 씨가 이렇게 물었다고 한다.

"당신은 그렇게 유명한 의사이면서 왜 아무도 알아주지 않는 이런 험한 곳에서 일하고 있습니까?"

그 질문에 그 의사는 잇몸을 드러내고 환하게 웃으며 대답해주었고, 그 대답이 한비야 씨에게 충격을 안겨주었다.

"맞아요. 내가 나이로비에 그냥 있었으면 잘 먹고 잘 살았겠죠. 그런데 내가 가지고 있는 기술과 재능을 돈 버는 데만 쓰는 건 너무 아깝잖아요."

그러고는 한 마디 더 던지는데, 한비야 씨는 그 한 마디를 평생 잊지 못할 것이라고 했다.

"무엇보다도 이 일이 내 가슴을 뛰게 하기 때문이에요."

이 말이 한비야 씨의 마음에 각인되었다. 그래서 어느 대학생이 질문을 던졌을 때 그 각인된 말이 자기도 모르게 튀어나온 것이다.

"무엇보다 이 일이 내 가슴을 뛰게 하고 내 피를 끓게 만들기 때문이죠."

그 글을 읽고 있으니 내 마음에도 각인이 되는 듯했다. 우리는 우리 자신에게 물어야 한다. 지금 무엇이 우리의 가슴을 뛰게 하고, 피를 끓게 하는지를….

우리에게 구원의 감격이 있는가? 삼위 하나님의 놀라운 일하심과 은혜 베푸심으로 말미암아 내가 하나님의 자녀가 되었다는 그 놀라운 감격이 있는가? 그렇다면 그 감격이 40대의 안과 의사나 한비야 씨처럼 내 가슴을 뛰게 하고 피를 끓게 하는 일로 연결되고 있는가? "그 기술을 가지고 돈 버는 데만 쓰는 건 아깝잖아요"라고 말할 수 있는 가치관이 우리에게 있는가?

우리 안에 있는 구원의 감격이 감격으로만 끝나지 않고 "이 일이 내 가슴을 뛰게 하고, 내 피를 끓게 만들기 때문이죠"라고 자신 있게 말할 수 있는 사명으로 연결되도록 해야 한다.

우리의 사명은 하나님 영광을 찬송하는 것이다

두 번째로 우리에게 가장 중요한 '삶의 목적과 사명'은 '하나님의 영광을 찬송하는 것'임을 기억해야 한다.

에베소서 1장 6, 12, 14절을 다시 보자.

이는 그가 사랑하시는 자 안에서 우리에게 거저 주시는 바 그의 은혜의 영광을 찬송하게 하려는 것이라 엡 1:6

이는 우리가 그리스도 안에서 전부터 바라던 그의 영광의 찬송이 되게 하려 하심이라 엡 1:12

이는 우리 기업의 보증이 되사 그 얻으신 것을 속량하시고 그의 영광을 찬송하게 하려 하심이라 엡 1:14

'찬송'을 이처럼 반복해서 강조하는 것이 뭘 의미하겠는가? 그야말로 우리의 삶이 찬송, 찬송, 찬송하는 존재가 된 것임을 강조하는 것이다.

앞에서 봤듯이 소요리문답의 첫 번째 질문은 이것이다.

"사람의 제 일 되는 목적이 무엇입니까?"

그 답은 이것이다.

"사람의 제 일 되는 목적은 하나님을 영화롭게 하고, 하나님으로 말미암아 영원토록 즐거워하는 것입니다."

에베소서 1장의 말씀과 너무나 부합되는 답이다. 우리 인생의 목적이 무엇인가? 하나님을 영화롭게 하는 것이다. 그런데 그분을 두려워하거나 그렇게 하지 않으면 저주를 받을 것 같아서가 아니라, 자발적으로, 하나님을 즐거워하고 기뻐함으로 그분을 영화롭게 하는 것이다. 한비야 씨나 그 안과 의사의 고백처럼, 그 일이 내 가슴을 뛰게 하고 내 피를 끓게 하기 때문에 그렇게 하는 것이다. 이것이 우리 삶의 목적이자 사명이다.

이사야서 43장에 이런 말씀이 있다.

내 이름으로 불려지는 모든 자 곧 내가 내 영광을 위하여 창조한 자를 오게 하라
그를 내가 지었고 그를 내가 만들었느니라 사 43:7

하나님이 우리를 왜 지으셨다고 하는가? 하나님의 영광을 위하

여 창조하셨다는 것이다. 이것이 우리 삶의 목적이다. 고린도전서를 보자.

그런즉 너희가 먹든지 마시든지 무엇을 하든지 다 하나님의 영광을 위하여 하라
고전 10:31

우리는 먹든지, 마시든지, 무엇을 하든지 하나님의 영광을 위해 행하는 존재이다. 예수님이 가르쳐주신 주기도문에도 이와 똑같은 정신이 담겨 있다.

나라와 권세와 영광이 아버지께 영원히 있사옵나이다 아멘 마 6:13

그래서 칼빈은 이런 말을 했다.

"모든 교리, 모든 신앙, 모든 믿음의 고백 중심에는 하나님의 영광이 자리 잡고 있습니다."

이것은 인간의 본능으로 가능한 일이 아니다. 우리가 얼마나 자기중심적인 존재인가? 우리는 날 때부터 본능적으로 자기 자신을 위한다. 날 때부터 자기 위주로 생각하고 자기에게 좋은 것을 진리인 양 여기며 사는 존재가 바로 우리 인간이다.

그렇기 때문에 하나님을 위해 사는 것은 자연히 일어나는 일이 아니다. 우리는 우리의 육신을 쳐서 복종시키며 날마다 자기 본능

과 싸워야 한다. 그리하여 결국은 내 영광을 구하는 것이 아니라 하나님의 영광을 구하는 자리로 나아가야 한다. 하나님이 바로 이것을 원하고 계신다.

하나님께 영광 돌리는 삶

여기서 한 가지 기억해야 할 것이 있다. 우리는 하나님의 영광을 위해 창조된 존재이며, 그 영광을 위해 살아야 하는 존재인데, 구체적으로 '하나님의 영광'이란 무엇을 말하는가?

'하나님의 영광'이라는 명제를 제대로 이해하려면 누가복음 2장 14절을 꼭 알아야 한다.

> 지극히 높은 곳에서는 하나님께 영광이요 땅에서는 하나님이 기뻐하신 사람들 중에 평화로다 하니라 눅 2:14

우리가 하나님의 영광을 제대로 추구하는 인생이 되려면 예수 그리스도께서 이 땅에 오셨을 때 예수님이 구현하신 두 가지 영광의 모습을 본받아야 한다. 즉, 위로는 하나님께 영광이 되는 인생, 아래로는 우리의 삶과 섬김을 통해 평화를 구현하는 인생이 하나님께 영광이 된다는 것이다. 그렇기 때문에 예수님은 이렇게 말씀하셨다.

이같이 너희 빛이 사람 앞에 비치게 하여 그들로 너희 착한 행실을 보고 하늘에
계신 너희 아버지께 영광을 돌리게 하라 마 5:16

하나님께 영광을 돌리는 일은 영적으로 심오한 행위를 통해서만
이루어지는 것이 아니다. 그저 소박한 우리 삶의 현장에서 연약한
이웃에게 작은 도움을 베푸는 것, 나의 작은 정성과 수고로 말미암
아 평화가 일어나도록 '피스메이커'의 역할을 하는 것이 하나님의 영
광이 된다는 것이다.

하나님 영광을 구할 때 외적 능력이 임한다

이렇게 하나님께 영광 돌리는 삶을 살다 보면, 우리에게 주어지
는 두 가지 중요한 선물이 있다. 하나는, 외적인 능력이다. 대표적
인 케이스가 다윗이다.

다윗은 골리앗과 싸워 이겼다. 상식적으로 생각하면 다윗은 죽
었다 깨어나도 골리앗을 이길 수 없었다. 불가능한 일이다. 그런데
모든 사람들의 예상을 깨고 다윗이 골리앗을 꺾었다. 이게 어떻게
가능했는가?

다윗이 골리앗을 상대로 절대 불가능할 것 같은 승리를 맛보게
된 결정적 요인은 바로 하나님의 영광에 대한 그의 놀라운 집중력
때문이었다.

다윗이 블레셋 사람에게 이르되 너는 칼과 창과 단창으로 내게 나아 오거니와 나는 만군의 여호와의 이름 곧 네가 모욕하는 이스라엘 군대의 하나님의 이름으로 네게 나아가노라 삼상 17:45

골리앗을 향한 다윗의 의로운 분노와 그를 향해 끓어오르는 집중력을 보라.

다윗이 곁에 서 있는 사람들에게 말하여 이르되 이 블레셋 사람을 죽여 이스라엘의 치욕을 제거하는 사람에게는 어떠한 대우를 하겠느냐 이 할례 받지 않은 블레셋 사람이 누구이기에 살아 계시는 하나님의 군대를 모욕하겠느냐 삼상 17:26

주의 종이 사자와 곰도 쳤은즉 살아 계시는 하나님의 군대를 모욕한 이 할례 받지 않은 블레셋 사람이리이까 그가 그 짐승의 하나와 같이 되리이다 삼상 17:36

다윗 안에는 하나님을 향한 집중력이 있었다. 삶의 목표가 있었다. 하나님의 영광을 가리고 모욕하는 자들을 용서하지 않겠다는 의로운 분노가 있었다. 햇빛이 분산되면 아무 일도 일어나지 않지만, 돋보기를 통해 한곳에 집중되면 거기에 불이 붙는 것처럼 하나님의 능력을 경험하기 위해서는 다윗처럼 하나님의 영광에 집중하는 것이 필요하다.

오늘날 우리는 왜 다윗과 같은 외적 능력을 경험하지 못하는가?

골리앗 같은 장애물 앞에서 만날 부들부들 떨며 살아가는 이유가 무엇인가? 다윗이 가졌던 영적 집중력이 우리에게 없기 때문이다. 하나님의 이름을 모욕하고 더럽히는 악한 세상을 향한 거룩한 분노가 우리에게 없기 때문이다.

이왕에 예수님 믿고 신앙생활 하는데, 하나님 앞에서 하나님의 영광을 위하여 집중력을 가지고 나아가야 하지 않겠는가? 우리 모두가 그런 놀라운 집중력을 갖게 되기를 바란다. 그래서 하나님으로부터 부어지는 놀라운 외적 능력을 경험하는 인생이 되기를 바란다.

어디에선가 이런 표어를 본 적이 있다.

"우리가 하나님의 영광에 목숨을 걸면 우리 인생에 기적이 일어난다."

하나님의 영광을 향한 집중력이 우리 인생의 능력이 된다!

하나님 영광을 구할 때 내적 능력이 임한다

하나님께 영광 돌리는 삶을 살 때 우리에게 주어지는 두 번째 선물은 내적인 능력이다. 대표적인 케이스가 본문의 사도 바울이다.

바울은 지금 실패한 모습으로 감옥에 갇혀 있다. 그럼에도 불구하고 그는 환경에 함몰되지 않는 내적인 능력을 가지고 하나님을 찬송한다.

찬송하리로다 하나님 곧 우리 주 예수 그리스도의 아버지께서 그리스도 안에서 아마도 바울이 독방을 안 쓰고 여러 죄수들과 함께 있었다면, 다른 죄수들이 모두 그를 비웃었을 것이다.

"감옥에 갇혀 있는 주제에 무슨 복을 받았다는 거야? 도대체 제정신인가? 머리가 어떻게 된 것 아닌가?"

그러나 이렇게 비아냥거리는 사람은 내적인 능력에 대해 전혀 모르는 사람이다. 바울은 하나님이 부어주시는 내적인 능력으로 충만했다. 우리도 이 내적인 능력을 구해야 한다.

우리는 성경 말씀을 자기에게 유리한 대로 읽고 해석하려는 버릇이 있다. 예를 들어, 빌립보서 4장 13절의 "내게 능력 주시는 자 안에서 내가 모든 것을 할 수 있느니라"라는 말씀의 '능력'을 자기가 하고 싶고 갖고 싶은 것을 누릴 수 있는 능력으로 해석하곤 한다. 그래서 식당에도 써 붙이고, 자녀 방에도 써 붙인다. 외적인 능력을 얻어 식당이 불같이 일어나고, 아들이 명문대학에 합격하기를 바라는 마음으로 그렇게 하는 것이다.

그러나 여기서 말하는 '능력'은 그런 외적인 능력이 아니다. 여기서 말하는 '능력'은 내적인 능력이다. 성경을 제대로 이해하려면 전후 문맥을 보면서 읽어야 하는데, 이 구절에서 말하는 '능력'을 알려면 그 앞의 구절들을 함께 보아야 한다.

내가 궁핍하므로 말하는 것이 아니니라 어떠한 형편에든지 나는 자족하기를 배웠노니 나는 비천에 처할 줄도 알고 풍부에 처할 줄도 알아 모든 일 곧 배부름과 배고픔과 풍부와 궁핍에도 처할 줄 아는 일체의 비결을 배웠노라 빌 4:11,12

바울은 이러한 내적 능력을 가지고 13절에서 이렇게 선포하는 것이다.

내게 능력 주시는 자 안에서 내가 모든 것을 할 수 있느니라 빌 4:13

따라서 여기서 말하는 '능력'은 실패하지 않는 능력, 사업만 했다 하면 성공하는 것과 같은 외적 능력을 말하는 것이 아니다. 비천에 처하고, 감옥에 갇히고, 억울한 일을 당해도 그 환경에 함몰되지 않는 내적인 능력을 말하는 것이다.

하나님의 영광을 구할 때 우리에게 이 내적인 능력이 충만히 임한다. 그래서 바울처럼 감옥이라는 열악한 환경에서도 여전히 기뻐하며 감사할 수 있는 능력 있는 삶을 살 수 있게 되는 것이다.

우리는 예수 믿고 부자 되고, 예수 믿고 성공하는 외적인 능력만 추구하는 인생이 아니라, 말씀대로 살다가 손해 보고 억울함을 당하는 실패의 자리에서도 바울처럼 "내게 능력 주시는 자 안에서 내가 모든 것을 할 수 있느니라"라고 고백할 수 있는 내적인 능력이 가득한 삶을 살아야 한다. 그 강한 내적인 능력이 우리의 삶을 통해 구현되는 은혜가 있기를 바란다.

일생의 삶을 통해 하나님께 영광 돌리며 사는 자들이 누리는 외적인 능력과 내적인 능력을 우리 모두가 균형 있게 누릴 수 있게 되기를 간절히 기도한다.

IDENTITY

에베소서 1장 15,16절
이로 말미암아 주 예수 안에서 너희 믿음과 모든 성도를 향한 사랑을 나도 듣
고 내가 기도할 때에 기억하며 너희로 말미암아 감사하기를 그치지 아니하고

chapter 10

두려워하지 말고 기도하라

감옥과 수도원을 가르는 경계

일본에서 '경영의 신'이라 불리는 마쓰시타 전기의 창립자 마쓰시타 고노스케가 이런 말을 했다고 한다.

"감옥과 수도원의 공통점은 세상으로부터 고립되어 있다는 것이다. 차이가 있다면 불평을 하느냐 감사를 하느냐 하는 것뿐이다."

그러면서 이런 말을 덧붙였다.

"불평은 인생 감옥을 만들고, 감사는 인생 감탄을 만든다."

참 의미 있는 말이다. 내 환경이 어떠하냐가 중요한 것이 아니다. 처한 자리에서 감사하고 기뻐하면 그 자리가 깊은 영성을 얻을 수 있는 수도원이 될 수도 있고, 내가 불평하고 원망하면 감옥이 될 수도 있다는 이야기이다.

나는 본문 속 바울의 모습을 보면서 이 말이 진리라는 것을 다시 한 번 실감했다. 그의 몸은 감옥에 갇혀 있는 신세였지만, 그는 '감사'라는 도구를 통해 감옥을 벗어나 마치 경건한 수도원의 뒤뜰을 거니는 것 같은 평온한 삶을 누리고 있었다.

에베소서 1장에 나타난 바울의 감사제목을 보니, 그는 두 종류의 감사를 하고 있었다. 하나는 하나님에 대한 감사이고, 또 하나는 자기와 관계를 맺고 있는 주변 사람들로 인한 감사이다.

지금까지 살펴본 에베소서 1장 14절까지에서 바울은 자기를 구원해주신 삼위 하나님의 놀라운 은혜에 대한 감사와 찬송으로 넘쳐났는데, 이제 그 감사가 15절부터는 에베소교회 성도들을 향해 옮겨지고 있다.

내가 기도할 때에 기억하며 너희로 말미암아 감사하기를 그치지 아니하고

엡 1:16

중요한 것은 바울의 이런 감사가 에베소서에만 있는 것이 아니란 사실이다. 바울이 감옥에서 쓴 옥중서신은 에베소서, 골로새서, 빌립보서, 빌레몬서로 모두 네 권인데, 호기심을 가지고 이 네 성경을 살펴보다가 한 가지 공통점을 발견했다. 16절에서 바울이 에베소교회 성도들을 향해 고백한 그 감사가 대상은 각기 다르지만 옥중서신 모두에서 똑같이 흘러나오고 있다는 것이다.

골로새서 1장 3절을 보자.

우리가 너희를 위하여 기도할 때마다 하나님 곧 우리 주 예수 그리스도의 아버지께 감사하노라 골 1:3

빌립보서 1장 3,4절도 마찬가지이다.

내가 너희를 생각할 때마다 나의 하나님께 감사하며 간구할 때마다 너희 무리를 위하여 기쁨으로 항상 간구함은 빌 1:3,4

빌레몬서 1장 4절이다.

내가 항상 내 하나님께 감사하고 기도할 때에 너를 말함은 몬 1:4

놀랍지 않은가? 상황과 대상은 각각 다르지만 바울은 감옥에서 한결같은 태도로 자기 주변의 성도들을 향해 감사를 피력하고 있었다. 바울의 이런 태도 때문에 그는 감옥에서도 울분과 분노가 아니라 마치 수도원 뒤뜰을 거니는 것 같은 평온함을 누릴 수 있었다. 그야말로 마쓰시타 고노스케가 했다는 "불평은 인생 감옥을 만들고, 감사는 인생 감탄을 만든다"라는 말을 입증하는 것 같은 삶을 산 것이다.

우리는 본문에서 보이는 바울의 모습을 통해 예수 믿는 우리 그리스도인이 어떤 태도를 가지고 대인관계를 맺어야 하는지를 배워야 한다. 본문을 자세히 보면 대인관계를 대하는 바울의 태도에서 두 가지 덕목을 발견할 수 있다.

애틋한 사랑과 관심

첫째, 성도들을 향한 바울의 애틋한 사랑과 관심의 정신이다.

에베소서 1장은 구조적으로 크게 두 단락으로 나눌 수 있다. 첫 번째 단락인 3-14절에는 삼위 하나님의 구원 계획에 대한 감사와 찬양이 담겨 있고, 두 번째 단락인 15-23절에는 에베소교회 성도들을 향한 바울의 기도문이 담겨 있다.

여기서 주목할 것은, 첫 번째 단락과 두 번째 단락을 연결시키는 연결고리가 있는데, 바로 15절 서두에 나오는 '이로 말미암아'라는 표현이다.

앞 단락에서 바울은 자기에게 임한 구원의 감격을 기뻐하며 노래했다. 하나님을 찬양했고, 신령한 복을 누렸다. 그에게 있던 구원의 감격은 환경을 초월하는 내적 능력과 외적 능력을 가져다주었다. 그런데 바울은 그런 구원의 감격과 기쁨을 자기 혼자 누린 것이 아니라 '이로 말미암아'라는 단어를 가지고 그 축복의 물꼬를 에베소교회 성도들에게 터주고 있었다. 정말 중요한 이야기이다.

우리 가족은 1970년대 말에 미국으로 이민을 갔다. 그런데 그때 이런 저런 이유로 고등학교에 다니던 나 혼자만 한국에 남아 있어야 했다. 그래서 몇 년 동안 결혼한 누나 집에 얹혀 지내다가 대학교 2학년을 마친 후에야 미국으로 들어가 가족들과 합류할 수 있었다. 미국에 도착하자 나를 보는 사람들마다 이런 말을 했다.

"너의 어머니가 네 생각 하느라고 진수성찬을 앞에 두고도 기뻐하지 못하셨다."

70년대면 우리나라가 얼마나 못살 때인가? 먹을 것도 궁하던 때에 가난하게 살다가 미국에 가보니 별천지였다. 우선 음식이 상상을 초월했다. 슈퍼마켓에 가보면 듣지도 보지도 못한 음식과 고기가 산더미같이 쌓여 있었고, 한국에선 아직 바나나도 수입 안 하던 때였는데, 바나나뿐만 아니라 온갖 신기한 과일들이 흔하게 쌓여 있었다. 그런데 어머니는 그런 진수성찬을 앞에 놓고도 기뻐하지 못하셨다는 것이다.

"우리 찬수는 한국에서 이런 것도 못 먹고 있는데…."

그러면서 한숨만 쉬었다고 한다. 이것이 모든 어머니의 마음일 것이다.

지금 바울의 심정이 딱 그 어머니의 심정이다. 바울은 지금 영적 어미의 심정을 가지고 이 편지를 쓰고 있다. 비록 감옥이라는 열악한 환경에 있을지언정 그곳에서 구원의 감격을 경험하며 신령한 복을 받아 누리는 기쁨을 만끽하던 바울이, 그 놀라운 영적 축복을 에베소교회 성도들도 함께 받아 누리게 되기를 원하고 있는 것이다.

"나에게만 이런 복이 주어진 게 아니다. 너희들에게도 이 복이 주어졌다. 너희도 함께 이 복을 누리길 바란다."

더욱이 에베소서를 쓰고 있던 그 시점은 바울이 에베소 성도들과 헤어진 지 4,5년이 지났을 때였다. 눈에서 멀어지면 마음에서도 멀어지는 것이 인지상정인데, 바울은 한결같은 마음으로 자기가 은혜를 받을 때마다 그들을 생각하며 그 은혜를 공유하기 위해 애썼다.

믿음은 사랑의 행위로 나타난다

믿음이 연약한 에베소교회 성도들을 생각하는 바울의 애틋한 마음과 이런 태도가 왜 중요한가? 15절에 이에 대한 매우 상징적인 메시지가 있다.

> 이로 말미암아 주 예수 안에서 너희 믿음과 모든 성도를 향한 사랑을 나도 듣고
> 엡 1:15

바울은 믿음과 사랑을 한 세트로 다루고 있다. 여기서 말하는 '믿음'은 예수 그리스도를 향한 것이며, '사랑'은 눈에 보이는 동료와 성도들을 향한 것이다. 이 두 가지가 조화를 이루어야만 온전한 믿음이라는 것이다.

우리 안에 하나님을 향한 믿음이 있는가? 그 믿음이 내 주변에 있는 사람들을 향한 사랑으로 나타나야 한다. 이 부분을 적나라하게

말씀하고 있는 것이 야고보서 2장 22절이다.

네가 보거니와 믿음이 그의 행함과 함께 일하고 행함으로 믿음이 온전하게 되었
느니라 약 2:22

'믿음'이란 메커니즘은 '행함'이라는 도구와 함께 움직여야 제대로 작동한다는 이야기이다. 오늘날 많은 그리스도인들이 "나는 믿음이 있다, 나는 성령 충만하다"라고 말하지만 그 믿음이 행함으로 작동되지는 않는 것 같다. 그래서 자꾸 세상과 격리되어 골수분자가 되어버린다. 산으로, 산으로 들어가는 것은 절이다. 교회는 믿음이 깊어질수록 세상으로 나가야 한다. 주님이 그것을 원하시기 때문이다. 주님은 우리의 믿음이 눈에 보이는 이웃을 향한 섬김과 사랑으로 표현되기를 원하신다.

나는 본래 안수기도를 잘 하지 않는다. 어릴 때 보수적인 교단에서 자라 '오직 성경'이라는 분위기에 영향 받았기 때문이기도 하고, 혹시라도 안수를 베푸는 사람인 목사가 너무 의지의 대상이 될까봐 염려하는 마음도 있었기 때문이다. 안수하는 행위가 아니라 예수님의 이름으로 드리는 기도가 중요하다고 생각했다.

그런데 이것 때문에 상처를 받은 성도가 있었다. 딸이 중병에 걸려 아픈 마음으로 내게 기도를 받으러 온 성도였는데, 후에 그 분이 이런 메일을 보내왔다.

"제 딸아이의 손 한 번 만져주지 않고 차갑게 기도하신 목사님에게서 사랑을 느낄 수 없었던 것이 제가 시험에 든 이유, 그 실체였음을 알게 되었습니다."

나는 깜짝 놀랐다. 그리고 조금 억울하기도 했다. 그 분과 그 딸의 아픈 사연을 듣고 나 개인적으로뿐만 아니라 장로님들과 교역자들에게도 기도제목을 공유하고 함께 기도해달라고 부탁할 만큼 마음을 쓰고 있었기 때문이다. 그렇게 마음 쓰며 가슴에 품고 기도하고 있었는데, 단지 내가 손을 얹고 안수하지 않았다는 이유로 그 분이 그렇게 상처를 받고 시험에 들었다니, 충격이었다.

그 분의 메일을 받은 이후로 마음에 근심이 생겼다. 그동안 얼마나 많은 분들이 나의 행동을 오해하고 상처를 받았을까 하는 마음에 목회가 두렵게 느껴지기도 했다. 물론 그 분과는 오해를 풀고 마음도 풀었지만 말이다.

그러면서 한 가지 결심을 했다. 생각을 바꾸어 안수기도를 해주기로 했다. 내 생각과는 조금 달라도 그것이 성도들을 시험에 들게 할 위험이 있다면 고쳐야겠다고 생각한 것이다. 다른 어떤 것보다 한 영혼을 실족시키지 않고 살리는 것이 더 중요했기 때문이다. 본문에서 바울이 보여주는 것 역시 바로 이것이다. 사람이 중요하다. 주 안에서 그 사람이, 그 영혼이 다치지 않고 시험에 들지 않도록 하는 것이 더 중요하다.

이런 맥락에서 교회는 굉장히 좋은 훈련장이다. 분당우리교회도 많은 분들이 함께 예배드리기 때문에 주차 문제, 자리 문제 등으로 불편을 겪을 때가 많다. 30분 전에 도착해도 본당에 들어가기가 어려우니 서로 경쟁하듯 뛰어다니는 현상이 벌어진다. 남편이 주차장에 주차하는 사이에 아내가 먼저 올라가 예배당에 자리 잡고 자기 옆에 남편 자리를 잡아 놓으면 다른 분들이 와서 "자리를 맡아놓는다"라며 항의하는 일도 끊이지 않고 일어난다. 그러다 보니 내 옆의 성도가 사랑스러워 보이는 것이 아니라 경쟁자로 보인다.

이런 상황에서 하나님이 주시는 메시지가 무엇인가? '예배당에서 예배하는 것만이 예배가 아니다. 제대로 주차하는 것, 그리고 기쁜 마음으로 다른 사람에게 자리를 양보하는 것 역시 예배이다. 섬김이 가장 중요한 믿음의 훈련이다'라는 것을 말씀하고 계신 것 아니겠는가? 부부가 떨어져서 예배를 드리더라도 '우리 때문에 시험에 드는 성도가 없게 하자'고 마음먹는 것이 예배이다. 또 다른 한편으로는 '가족이 얼마나 같이 예배드리고 싶을까' 하는 마음으로 양보하는 것이 믿음의 행위인 것이다.

성경은 이런 일들이 우리 안에 나타나지 않으면 우리의 믿음은 죽은 믿음이라고 말한다. 저 멀리 있는 이웃만 우리 섬김의 대상이 아니다. 바로 내 옆에 있는 이 사람이 내 믿음을 실천할 사랑의 대상이다.

중보기도로 표현되는 사랑

둘째, 대인관계에서 바울이 보여주는 귀한 모습은 성도들을 위한 그의 중보기도이다.

앞에서 언급했듯이 바울은 에베소교회 성도들을 진심으로 사랑했다. 이것도 귀한 일이지만 더 귀한 것은 바울이 에베소교회 성도들을 향해 품은 그 사랑을 그들을 위한 중보기도로 승화시켰다는 것이다.

> 내가 기도할 때에 기억하며 너희로 말미암아 감사하기를 그치지 아니하고
>
> 엡 1:16

흥미로운 것은 앞 단락인 3-14절에서도 마침표 없이 한 문장으로 하나님의 은혜를 찬양했는데, 15-28절에 나오는 에베소교회 성도들을 향한 기도문에도 마침표가 없다는 것이다. 전체가 한 문장이다. 그러니까 에베소서 1장은 인사말만 빼면 전체가 딱 두 문장으로 되어 있다.

이것이 무엇을 의미할까? 앞부분에서 구원의 감격으로 가슴이 벅차올라 마침표 찍을 겨를도 없이 하나님의 은혜를 서술한 것과 마찬가지로, 에베소교회 성도들을 품고 기도하는 바울에게 그와 동일한 감격이 있었다는 것이다. 그리고 그만큼 절실하고 절박한 마음으로 에베소교회 성도들을 위해 기도한 것이다. 여기서 우리는 깨달

아야 한다. 예수님을 믿는 우리가 보여줄 수 있는 최고의 사랑 표현은 상대방을 위한 중보기도란 사실을 말이다.

앞에서 바울의 옥중서신 모두 성도들을 향한 사랑의 마음을 피력하는 공통점이 있다고 했는데, 또 다른 공통점이 하나 더 있다. 옥중서신 모두 성도들을 향한 사랑의 마음을 기도로 승화시키고 있다는 점이다. 성경을 다시 보자.

우리가 너희를 위하여 '기도할 때마다' 하나님 곧 우리 주 예수 그리스도의 아버지께 감사하노라 골 1:3

내가 예수 그리스도의 심장으로 너희 무리를 얼마나 사모하는지 하나님이 내 증인이시니라 '내가 기도하노라' 너희 사랑을 지식과 모든 총명으로 점점 더 풍성하게 하사 빌 1:8,9

내가 항상 내 하나님께 감사하고 '기도할 때에' 너를 말함은 몬 1:4

내가 1990년에 한국으로 돌아와 신학교에 입학한 후 지방에 있는 나의 모교회를 방문한 적이 있다. 그날 새벽예배에 참석했다가 충격을 받았다. 목사님의 설교와 예배 인도가 끝난 후에 불을 끄고 개인기도 시간을 갖는데, 그때 담임목사님이 내 이름을 부르며 기도하시는 게 아닌가?

"우리 이찬수 전도사, 신령한 하나님의 종 되게 해주세요!"

그 교회를 떠난 지 이미 7,8년이 지났을 때였고, 내가 와 있는지도 모르는 상황이었다. 그런데도 이름을 기억하고 불러주며 기도해주시는 목사님의 모습에 충격을 받지 않을 수 없었다.

교회 공동체는 내 영혼을 위해 기도해주는 그 누군가가 있는 곳이어야 한다. 할 수만 있다면 담임목사가 성도의 얼굴을 다 기억하고 새벽마다 이름 불러가며 기도해주는 교회에 다니면 좋겠다. 우리 교회 성도들에게도 가끔 이런 권면을 한다. 성도가 우리 교회를 떠나는 것은 너무 서운한 일이지만, 그 영혼을 위해서라면 기쁘게 보내드릴 수 있다는 것이 내 솔직한 심정이다. 현실적으로 성도의 숫자가 많은 교회에서는 이것이 어렵기 때문이다.

만약 교회를 옮기는 것이 어렵다면 큰 교회에서 대예배만 드리지 말고 작은 공동체에 들어가야 한다. 소그룹 모임에 참여하고, 봉사팀에 합류해야 한다. 주일학교 교사로 자원해야 한다. 찬양대에 들어가야 한다. 그 모임이 바로 나의 상황과 사정을 기억하며 나를 위해 기도해주는 귀한 공동체가 되어주기 때문이다.

우리 교회는 구역 모임을 '다락방'이라고 부른다. 소속된 구성원들이 다락방에 옹기종기 모여 있는 가족처럼 친밀감을 느끼는 공동체가 되기 원하여 붙인 이름이다. 나는 우리 교회가, 또 한국의 모든 교회가 주 안에서 만난 형제와 자매들이 서로를 위해 함께 기도하는 모습이 살아 있는 교회가 되기를 원한다. 바울과 같은 심정으로 목사가 성도의 이름을, 소그룹 인도자가 구성원들의 이름을 불러가며 기도해주는 그런 기도의 지도자들이 다 되기를 바란다.

가장 중요한 것은 기도

성도들을 향한 중보기도의 중요성을 깨닫고 실천했던 바울의 정신이 고스란히 묻어 있는 성경이 디모데전서이다. 디모데전서는 에베소교회를 어린 후계자 디모데에게 인계한 후 그에게 어떻게 목회해야 하는지에 대한 권면과 충고를 담은 목회서신이다.

옥한흠 목사님이 나에게 개척하라고 명하셨을 때 내 나이가 42세였다. 비교적 젊은 나이였을 뿐만 아니라 그때까지 나는 성인 목회를 한 번도 해본 적이 없었다. 그러니 개척을 권면한 옥 목사님 눈에 얼마나 불안해 보였겠는가? 그래서 그런지 옥 목사님은 만날 때마다 이런 저런 조언을 해주셨다.

"이 목사, 개척 초기에 사람 끌어 모으려고 이상한 짓 하지 마라. 한 영혼, 한 영혼을 소중히 여겨라. 사람을 보내시고 안 보내시는 것은 하나님 소관이니 인위적으로 애쓰면 안 된다."

개척 초기에 항상 권면하시던 것이 이것이었다. 그리고 그 이후에 사람이 조금 모인 후에는 "사람 조금 모인다고 교만해지면 큰일 난다"라고 충고해주기도 하셨고, 화요일마다 전화를 주셔서 "네 설교 잘 듣고 있다"라고 하시며 설교를 이런 방향으로 해보는 건 어떻겠냐고 가슴 깊은 조언을 해주기도 하셨다. 바로 이런 것이 디모데를 향한 바울의 심정일 것이다.

디모데전서 1장은 인사말이고, 2장부터 본격적으로 바울의 충고가 시작되는데, 2장 1절을 이렇게 시작하고 있다.

그러므로 내가 첫째로 권하노니 딤전 2:1

목회자가 갖추어야 할 가장 중요한 한 마디를 가르쳐주겠다는 것이다. 그리고 이어서 무슨 말을 하는가?

모든 사람을 위하여 간구와 기도와 도고와 감사를 하되 딤전 2:1

목회에서 가장 중요한 것이 기도라는 것이다.

목회에는 중요한 것이 참 많다. 간혹 선배 목사님을 찾아가 "목회에 대해 지도해주세요. 목회자가 갖춰야 할 가장 중요한 덕목이 무엇입니까?"라고 질문하면 다양한 말씀들을 해주신다.

어떤 분은 "목회에서는 설교가 가장 중요하지. 설교 준비에 목숨을 걸어야 해"라고 하신다. 또 어떤 분은 "영성이야, 영성. 성령을 체험해야 해"라고 답하시고, 또 어떤 분은 "목회는 대인관계가 중요해. 성도들과 관계를 잘 가져야 해. 대인관계가 안 되면 목회도 안돼"라고 하신다. 그런데 성경은 목회에서 가장 중요한 것이 '기도'라고 한다.

'기도'의 중요성을 생각하면 떠오르는 일이 있다. 내가 신학교 다니던 시절에 내 가슴을 벅차게 했던 성경구절이 있었다.

> 내가 진실로 진실로 너희에게 이르노니 나를 믿는 자는 내가 하는 일을 그도 할 것이요 또한 그보다 큰 일도 하리니 이는 내가 아버지께로 감이라 요 14:12

나에게는 이 말씀이 너무 충격적이었다. 우리가 예수님이 하시던 일을 행할 수 있다니, 그보다 더 큰 일도 할 수 있다니 말이다. 그런데 그 다음 구절에서 어떤 전제가 주어지는가?

> 너희가 내 이름으로 무엇을 구하든지 내가 행하리니 이는 아버지로 하여금 아들로 말미암아 영광을 받으시게 하려 함이라 요 14:13

기도할 때 이런 능력이 나타난다는 것이다. 우리의 아버지께서는 놀랍도록 부요하신데 우리는 영적으로 왜 이렇게 가난한가? 아버지께서 내게 예수 그리스도에게 주신 것 같은 놀라운 하늘 창고의 열쇠를 맡기기 원하시는데, 우리는 왜 이렇게 빈곤한가? 기도의 열쇠를 소유하기 바란다. 그리하여 예수님이 하신 것 같은, 또 그보다 더 큰 일을 행하는 놀라운 인생이 되기를 바란다.

두려워할 것인가, 기도할 것인가?

자주 부르는 찬송가 중에 이런 찬송이 있다.

주 안에 있는 나에게 딴 근심 있으랴
십자가 밑에 나아가 내 짐을 풀었네

가사 첫 줄에서 "딴 근심이 없다"고 고백한다. 그런데 근심이 없는 이유가 무엇인가? 광풍이 안 불고 늘 봄 날씨같이 평온해서 딴 근심이 없는 게 아니다. 두려움이 있고 근심이 있다. 그런데 왜 근심이 없다고 말하나? 십자가 밑에 나아가 그 짐을 풀어버려서 이제는 근심이 없다는 것이다.

그러면 십자가 밑에서 짐을 푸는 것은 구체적으로 어떤 행위인가? 2절 가사를 보자.

그 두려움이 변하여 내 기도 되었고
전날의 한숨 변하여 내 노래 되었네

나는 우리 인생이 둘 중의 하나를 선택하는 삶이라고 생각한다. 하나는, 죽을 때까지 두려움의 연속으로 살아가는 인생이 되는 것이다. 전날의 두려움이 변하여 오늘의 두려움이 되고, 오전의 두려움이 변하여 오후의 두려움이 되는 인생을 살아가는 것이다.

그런가 하면 그 두려움의 고리를 끊기 위해 기도하는 인생이 되는 것이다. 그 두려움이 변하여 내 기도 되었노라고 노래하는 인생이 되는 것이다. 우리는 둘 중에 하나를 선택해야 한다. 날마다 기도하면서 살든지, 아니면 날마다 두려워하면서 살든지 말이다.

긍휼을 베푸시는 주님 앞에 기도하자. 나라를 위해, 교회를 위해, 이웃을 위해 기도하자. 기도는 사랑을 표현하는 최고의 방법이다. 또 자녀를 위해 기도해야 한다. 우리가 자녀를 위해 해줄 수 있는 일이 정말 많지만, 가장 중요한 것은 그 영혼을 위한 중보기도이다. 영이 살아나지 않는데 공부 잘하는 것이 무슨 대수고, 좋은 것 먹이고 좋은 옷 입히는 것이 무슨 소용이겠는가?

다윗이 골리앗을 이긴 것은 분명 놀라운 기적이다. 그런데 그보다 더 큰 기적은 아무것도 없는 다윗이 골리앗에게 덤볐다는 것이다. 우리 자녀들도 그렇게 키우고 싶지 않은가? 집안 형편이 넉넉하지 않아도, 조건이 별로 안 좋아도 골리앗을 향해 도전했던 다윗처럼 세상을 향해 저돌적으로 나아가 도전하는 자녀로 키우고 싶지 않은가? 기도할 때 하나님이 그런 놀라운 일을 이루어주신다.

에베소교회 성도들을 향한 사랑을 중보기도로 승화시켰던 사도 바울처럼 우리도 이웃을 향한 사랑을, 성도를 향한 사랑을, 자녀를 향한 사랑을 주님 앞에 드리는 기도에 담아 올려드리자.

IDENTITY

에베소서 1장 15-17절
이로 말미암아 주 예수 안에서 너희 믿음과 모든 성도를 향한 사랑을 나도 듣
고 내가 기도할 때에 기억하며 너희로 말미암아 감사하기를 그치지 아니하고
우리 주 예수 그리스도의 하나님, 영광의 아버지께서 지혜와 계시의 영을 너
희에게 주사 하나님을 알게 하시고

chapter 11

날마다 새로운 삶

일신우일신 하기 위해

일신우일신(日新又日新) 혹은 일신일일신우일신(日新日日新又日新)이라는 고사성어가 있다. '일신우일신'은 글자 그대로 '날마다 새롭고 또 날마다 새롭다'라는 뜻을 가지고 있고, '일신일일신우일신'는 '날로 새로워지려거든 하루하루를 새롭게 하고 또 매일매일을 새롭게 하라'는 뜻이다.

이는 중국 고대 은나라의 시조인 탕왕의 반명에 적혀 있던 글에서 유래되었다고 하는데 '반명'은 세숫대야를 뜻한다. 당시 세숫대야는 아주 큰 청동 대야였는데 탕왕은 이 구절을 새겨 넣고 목욕할 때마다 음미했다고도 하고 아침에 세수할 때마다 음미했다고도 한다. 아무튼 이 구절을 가까이 두고 자주 음미했던 것은 맞는 것 같다. 이처럼 날마다 자기를 되돌아보고 점검하기에 애쓴 왕이라면 아마도 훌륭한 왕이었으리라 짐작해본다.

이 고사성어를 보다가 문득 예레미야애가 3장의 이 말씀이 생각났다.

> 여호와의 인자와 긍휼이 무궁하시므로 우리가 진멸되지 아니함이니이다 이것들이 아침마다 새로우니 주의 성실하심이 크시도소이다 애 3:22,23

탕왕이 매일 아침마다 자기 스스로를 돌아보며 잘못된 것을 고치고 덕을 닦기 위해 애썼다면, 믿는 우리는 우리 힘이 아니라 아침마다 새롭게 해주시는 하나님의 성실하심을 믿고 의지하여 일신우일신의 길로 나아가야 한다.

이런 맥락에서 본문 속에 나오는 바울의 기도문이 마음에 와 닿았다. 특히 초입 부분인 15-17절의 말씀을 잘 살펴보면 교회가 영적으로 일신우일신 하기 위해서는 어떤 조건들이 충족되어야 하는지를 알 수 있는데, 그것에 대해 살펴보려고 한다.

성도 간의 사랑을 회복하라

첫째, 우리 개인과 교회가 영적으로 일신우일신 하기 위해서는 성도 간의 사랑을 회복해야 한다.

이로 말미암아 주 예수 안에서 너희 믿음과 모든 성도를 향한 사랑을 나도 듣고

엡 1:15

앞에서도 살펴보았지만, 여기서 '믿음'은 하나님을 향한 수직적인 관계를, '성도를 향한 사랑'은 수평적인 관계를 설명하는 것으로 볼 수 있다. 씨실과 날실이 교차하여 옷을 만들어내듯 수직적인 것과 수평적인 것이 서로 교차하면서 우리의 영적 작품을 만들어내는 것이다.

그런데 기억해야 할 것은 이 둘 중에 믿음이 먼저라는 사실이다. 믿음이 먼저 있고, 그 믿음에 기인한 형제 사랑이 나타나야 한다.

본문에 보면 "모든 성도를 향한 사랑을 나도 듣고"라고 되어 있는데, 아무리 훌륭한 인격을 가진 사람이라도 '기질과 성격'이 다른 '모든' 사람을 사랑하는 일은 쉬운 일이 아니다. 그렇기 때문에 믿음이 먼저라는 것이다. 그런 일이 가능하도록 하기 위해서는 믿음이 작동되어야 한다. 틈만 나면 편을 가르고 분열하기 좋아하는 우리 본능을 억누를 힘은 믿음에서 나오기 때문이다. 믿음이 없이는 하나님을 기쁘게 해드릴 수 없듯이 또한 믿음이 없이는 모든 성도들을 품고 사랑하는 일도 불가능하다.

'믿음'과 '성도들을 향한 사랑'의 관계가 얼마나 중요한지 요한계시록의 말씀을 보자.

에베소교회의 사자에게 편지하라 오른손에 있는 일곱 별을 붙잡고 일곱 금 촛대 사이를 거니시는 이가 이르시되 내가 네 행위와 수고와 네 인내를 알고 또 악한 자들을 용납하지 아니한 것과 자칭 사도라 하되 아닌 자들을 시험하여 그의 거짓된 것을 네가 드러낸 것과 또 네가 참고 내 이름을 위하여 견디고 게으르지 아니한 것을 아노라 그러나 너를 책망할 것이 있나니 너의 처음 사랑을 버렸느니라 그러므로 어디서 떨어졌는지를 생각하고 회개하여 처음 행위를 가지라 만일 그리하지 아니하고 회개하지 아니하면 내가 네게 가서 네 촛대를 그 자리에서 옮기리라 계 2:1-5

주님은 에베소교회를 향하여 처음 사랑을 버렸다고 책망하신다. 여기서 말하는 처음 사랑이 누구를 향한 사랑일까? 보편적으로는 이것을 하나님을 향한 사랑이라고 해석하는데, 일각에서는 형제간의 사랑을 말한다고 해석하기도 한다. 최근에는 이 두 사랑을 통합적으로 해석하는 경우가 많다.

만약 여기서 에베소교회 성도들을 향한 책망이 하나님을 향한 처음 사랑만이 아닌 성도 상호 간의 사랑을 잃어버린 것을 내포한 책망이라면, 우리는 이 말씀에 대해 심각한 문제의식을 가져야 한다.

왜 그렇게 심각한가 하니, 앞에서 살펴본 것처럼 초창기 에베소교회는 서로 간에 '모든 성도들을 향한 사랑'이 있었다고 바울에게 칭찬 듣는 교회였다. 그랬던 에베소교회가 세월이 흐르면서 그 첫사랑을 잃어버렸다고 책망을 받고 있는 것이다.

이것은 무엇을 뜻하는가? 노력하지 않으면, 하나님 앞에서 날마다 매달리지 않으면 언제라도 식을 수 있는 것이 인간의 사랑이라는 것이다.

그리고 또 하나 심각한 것은, 예수님의 기준으로 보면 하나님을 향한 사랑은 물론이고 교회 안에 성도 상호 간의 사랑을 회복하지 않으면 촛대를 옮기겠다고 하실 만큼 이 문제를 중차대하게 보고 계시다는 것이다.

이것을 왜 심각하게 생각해야 하는가? 오늘날 현대교회가 이단과 싸우며 복음을 지키는 일에 마음을 다하는 귀한 일을 감당했지만, 그 과정에서 사랑을 잃어버리고 너무나 경직되어 나와 조금만 견해가 달라도 마음을 닫아버리고 정죄하고 비난하는 에베소교회의 길을 걷고 있는 것은 아닌가 두렵기 때문이다. 우리는 이것을 심각하게 점검해봐야 한다.

이런 점에서 나는 성도를 향한 사랑과 관련하여 두 가지 행동지침을 나누고 싶다.

행동지침 1, 포용력의 회복

첫째는 '포용력'을 회복하라는 것이다. 대인관계에서 '포용력'은 우리의 죄성 때문에 너무나 어려운 문제이다.

언젠가 낚시하는 사람을 빗대어 하는 재미있는 이야기를 들었다. 낚시꾼들이 언제 가장 희열을 느끼는지 아는가? 당연히 월척을 낚을 때 아니겠는가? 그런데 본인이 월척을 낚을 때보다도 더 기쁘고 즐거운 순간이 있는데, 그것은 옆 사람이 월척을 낚다가 놓쳐 버렸을 때라고 한다. 나는 이 우스갯소리를 들으면서 묘한 공감을 느꼈다. 이것이 우리의 본능임을 잘 알기 때문이다. 그렇기 때문에 우리는 이 본능과 싸워 이기기 위해 하나님께 날마다 은혜를 구해야 한다.

구약의 솔로몬 왕은 '지혜의 왕'으로 알려져 있다. 그가 하나님께 지혜를 구하여 통치 초기에 그 지혜로 나라를 잘 다스렸기 때문이다. 그런데 여기서 한 가지 알아야 하는 것이 있다. 솔로몬이 가졌던 놀라운 지혜가 제대로 작동되기 위해서는 넓은 마음과 아량이 있어야 했다는 사실이다. 열왕기상 4장 29,30절을 보자.

> 하나님이 솔로몬에게 지혜와 총명을 심히 많이 주시고 또 넓은 마음을 주시되 바닷가의 모래같이 하시니 솔로몬의 지혜가 동쪽 모든 사람의 지혜와 애굽의 모든 지혜보다 뛰어난지라 왕상 4:29,30

솔로몬이 동쪽 모든 사람과 애굽의 모든 지혜보다 뛰어날 수 있었던 것은 그가 하나님께 지혜를 선물 받은 것도 있지만, 그 지혜가 지혜다워질 수 있도록 하나님께서 넓은 마음도 주셨기 때문이다.

솔로몬처럼 지혜로운 사람이 되기 원하는가? 상대방을 향한 아량과 포용력을 구비해야 한다. '내가 먼저 월척 낚기 전에 저 사람이 먼저 낚으면 어떡하나' 하는 좁은 마음을 가지고 있기 때문에 마음이 경직되는 것이다. 여유가 없는 경직된 마음으로는 내 안에 있는 지혜가 작동될 수 없다.

나는 모든 성도들이 하나님께서 주시는 선물인 지혜를 갖기 바란다. 또한 동시에 그 주신 지혜를 마음껏 활용할 수 있는 구비조건인 넓은 마음이 회복되기를 바란다.

행동지침 2, 격려의 회복

둘째로 '격려'를 회복해야 한다. 사랑의 회복을 위한 내적인 실천이 포용력이라면, 그 포용력을 외적으로 표현하는 게 격려이다.

격려가 얼마나 중요한지 바울을 통해 한번 보자. 에베소서 1장 15절에서 그는 에베소교회 성도들이 서로를 향한 사랑을 가지고 잘하고 있다는 것을 격려하고 있는데, 이것은 옥중서신 모두에서 나타난 공통점이다.

내가 너희를 생각할 때마다 나의 하나님께 감사하며 간구할 때마다 너희 무리를 위하여 기쁨으로 항상 간구함은 너희가 첫날부터 이제까지 복음을 위한 일에 참여하고 있기 때문이라 빌 1:3-5

내가 항상 내 하나님께 감사하고 기도할 때에 너를 말함은 주 예수와 및 모든 성도에 대한 네 사랑과 믿음이 있음을 들음이니 몬 1:4,5

우리가 너희를 위하여 기도할 때마다 하나님 곧 우리 주 예수 그리스도의 아버지께 감사하노라 이는 그리스도 예수 안에 너희의 믿음과 모든 성도에 대한 사랑을 들었음이요 골 1:3,4

무엇이 느껴지는가? 바울은 성도들이 잘못할 때면 준엄하게 책망하고 비판도 했지만, 다른 한편으로는 격려와 칭찬을 아끼지 않았다. 이것이 중요하다.

현대선교의 아버지라고 불리는 허드슨 테일러도 항상 사역에 성공하기만 했던 것은 아니다. 그가 중국으로 파송되어 사역하고 있을 때였다. 그를 파송한 선교단체와 허드슨 테일러가 갈등을 빚었다. 허드슨 테일러가 너무 의욕을 가지고 저돌적으로 밀고 나가는 모습이 본부에서는 위태롭게 보였던 것 같다.

결국 최후통첩이 왔다. 지금 하고 있는 프로젝트를 그만두든지 아니면 선교본부에서 탈퇴하든지 선택하라는 것이었다. 파송 받은 선교사 입장에서 이것보다 더 가슴 아픈 편지가 있겠는가? 그렇지 않아도 마음이 무너져 있던 허드슨 테일러에게 더 치명적인 편지 한 통이 날아왔다. 영국에 있던 연인에게서 결별을 선언하는 편지가 온 것이다. "너무 모험적인 라이프스타일을 가진 당신과 일생을 함께 하기엔 너무 불안해서 안 되겠다"는 내용이었다.

이 두 통의 편지로 허드슨 테일러는 아주 깊은 낙심과 절망에 빠지게 되었다. 그 당시를 회고하기를, 선교를 포기하는 것은 물론이고 인생 자체를 포기하고 싶은 유혹을 받을 정도로 충격을 받았다고 한다.

그토록 깊은 절망에 빠진 그를 구해준 사람은 친구인 스코틀랜드 출신의 선교사 윌리엄 번스였다. 그는 절망한 허드슨 테일러를 격려하면서 함께 여행을 하자고 권유했다. 그리고 친구인 허드슨 테일러를 위해 무려 7개월 동안 중국의 이곳저곳을 함께 다니며 그가 재충전하고 회복할 수 있도록 도왔다. 이런 과정을 통해 허드슨 테일러가 다시 회복되기 시작했는데, 여기서 흥미로운 것이 하나 있다.

함께 여행하던 7개월 동안 윌리엄 번스가 허드슨 테일러에게 지속적으로 했던 말은 딱 두 마디였다고 한다. "나는 자네를 믿네"와 "나는 자네를 따라가겠네"라는 말이었다. 후에 허드슨 테일러는, 그때 그와 같은 윌리엄 번스의 격려가 없었다면 오늘의 자기는 없었을 것이라고 했다.

나는 그 글을 읽으면서 이런 생각을 했다.

'비록 나는 허드슨 테일러와 같은 위대한 인물은 되기 어렵다 하더라고 그런 인물을 키워내는 윌리암 번스와 같은 역할은 할 수 있지 않을까?'

우리 자신을 되돌아보자. 지난 한 주간 자녀에게, 배우자에게, 공동체 식구들에게 어떤 말을 많이 했는가? 비난을 많이 했는가, 아니면 격려를 많이 했는가? 사람을 변화시키는 것은 지적이 아니다.

마음을 달래주고 회복시키는 것은 격려이다.

간혹 설교를 하고 난 후에 낙심될 때가 있다. '나는 왜 이 놀라운 하나님의 말씀을 이렇게밖에 전하지 못하는가' 싶어서 하나님께도 죄송하고 성도들에게도 죄송할 때가 있다. 설교자로서 이렇게 위축되어 있을 때, 그럼에도 불구하고 "목사님, 오늘 말씀 참 좋았습니다"라고 격려의 말씀을 주시는 성도의 한 마디가 내 마음을 회복시켜준다. 뻔히 격려성 멘트라는 것을 잘 알면서도 그 격려 속에 위축된 마음을 추스르게 하는 힘이 있음을 느낀다.

나는 가정 안에서, 공동체에서, 교회에서 이 두 마디가 끊이지 않기를 바란다.

"나는 당신을 믿습니다."

"나는 당신을 따릅니다."

이 격려가 사람을 일으켜 세운다.

기도생활을 회복하라

둘째, 일신우일신 하기 위해서는 기도생활을 회복해야 한다. 본문 16절을 보자.

내가 기도할 때에 기억하며 너희로 말미암아 감사하기를 그치지 아니하고

엡 1:16

바울은 모든 것을 기도로 풀어가던 사람이었다. 한 마디로 기도의 달인이었다. 〈생활의 달인〉이라는 TV 프로그램이 있다. 볼 때마다 도저히 믿기지 않는 달인들이 나온다. 어떤 분은 옥상에서 타이어를 굴리면 그 타이어가 계단을 이리저리 타고 내려가 지하실의 원하는 자리에 딱 선다. 도대체 각도를 어떻게 맞춰서 굴리기에 구불구불한 계단을 정확하게 타고 내려가는지 정말 신기하다.

그런데 거기에 나오는 달인들을 보면 공통점이 있다. 그들이 어떻게 저런 달인들이 될 수 있었는가 보니, 다들 삶의 현장에서 수없이 반복하면서 체득했기 때문이었다. TV에 출연하려고 연습한 게 아니라 생계를 위해, 먹고 살기 위해 오늘도 연습하고 내일도 연습했는데, 그것이 1년이 되고, 2년이 되고, 5년이 되다 보니 타이어에 무슨 장치가 달린 것처럼 자유자재로 다룰 수 있게 된 것이다.

바울은 어떻게 기도의 달인이 되었는가? 이유는 간단하다. 달인이 될 정도로 기도했기 때문이다. 바울이 날 때부터 우리와는 다른 기도의 유전자를 가졌기 때문이 아니라, 기도의 달인이 될 때까지 기도했던 것이다. 왜 그래야만 했을까? 복음을 전하는 긴박한 현장을 살았기에 기도하지 않으면 안 되었기 때문이었다. 적들이 호시탐탐 노리며 공격하는 상황에서 기도는 생존을 위해 반드시 해야 할 것이었다.

우리가 회복해야 할 핵심 포인트가 이것이다. 기도를 회복하기 위해서는 먼저 기도하지 않아도 아무런 불편을 느끼지 못할 만큼 무뎌진 우리 심령을 회복해야 한다. 기도하지 않으면 영이 죽을 것 같고 견디지 못할 것 같은 두려움을 느끼는 것이 불편하기는 해도 그것이 축복이다.

나는 목사이기 때문에 이런 불편함을 자주 느낀다. 기도 안 하고 영적으로 조금만 무뎌져도 그것이 설교에서 금방 드러나기 때문이다. 이것이 나를 불편하게 만들긴 하지만 그렇기 때문에 목사가 된 것을 하나님께 감사드린다.

조금만 게으름을 부려도 생계가 안 되기에 어쩔 수 없이 달인의 자리까지 나아가게 된 것처럼 기도의 달인의 자리에까지 나아가는 기도의 훈련이 우리 모두 가운데 일어나기를 바란다.

영적 고추밭을 갈아엎어라

《목사님, 전도가 너무 쉬워요》란 책이 있는데, 그 책의 저자는 성도가 2,30명 남짓 되는 어촌 마을 교회에 부임하여 오직 불신자 전도에 전념하여 큰 부흥을 일으킨 목사님이다. 그 책을 읽으며 도전을 많이 받았는데, 재미있는 에피소드가 있었다.

저자는 기도를 매우 중요하게 강조하는데, 어느 권사님에게 새벽기도에 나올 것을 권면하는데도 말로만 나온다고 하면서 안 나오더라는 것이다. 이유를 알고 보니, 그 권사님이 고추농사를 지으시는데 새벽마다 고추밭에 나가 벌레도 잡아주고, 약도 치고, 물도 주면서 지극정성으로 고추밭을 관리하느라 새벽예배에 나올 수 없었던 것이다.

그 소식을 들은 목사님이 기도하다가 어느 날 결심을 하셨단다. 여름이었는데, 그 권사님의 고추밭으로 가서는 고추를 다 뽑아버렸다. 한두 개 뽑은 게 아니라 온 손에 물집이 잡히도록 몇 시간 동안 고추를 다 뽑아버렸다. 그야말로 황당한 일을 저지른 것이다.

그날도 권사님이 고추를 관리하러 밭에 갔는데, 기가 막힌 상황이 벌어져 있었다. 고추밭이 쑥대밭이 되어 있는 게 아닌가. 그 모습을 본 권사님이 충격을 받아서 다리가 후들거렸다고 한다. 결국 그 권사님은 드러누우셨다.

권사님이 끙끙 앓고 계시다는 얘기를 듣고 목사님이 찾아갔다. 그러자 권사님이 부들부들 떨리는 목소리로 "목사님, 제가 평생에 원수 맺은 일이 없는데 어떤 죽일 놈이 우리 고추밭을 이 지경으로 만들어놨습니다"라고 하는 게 아닌가. 목사님은 용기를 내서 권사님께 고백했다.

"권사님, 그거 제가 그랬습니다."

그랬더니 안 믿더란다.

"무슨 말씀을요. 목사님이 뭐하러 우리 고추밭을요."

권사님이 안 믿으니까 목사님이 자기 손을 보여주면서 이것 보시라고, 고추 뽑다가 이렇게 물집이 잡힌 거라고 말씀하셨다. 그러자 권사님이 도대체 왜 그러셨냐며 충격을 받으셨다. 목사님이 할 말이 없어서 잠시 생각한 뒤에 이렇게 말씀하셨다.

"권사님 생각해보세요. 권사님은 지금까지 수십 년 예수님을 믿고 권사님까지 되셨는데, 예수님의 십자가에 감격한 적 있습니까? 권사님은 지금 고추밭 때문에 심장이 떨리고 치가 떨려서 말을 못한다고 하셨는데, 예수 믿고 너무 좋아서 오늘처럼 심장이 떨려본 적이 있습니까?"

이런 식으로 강하게 권면을 드리자 그 말씀을 들은 권사님이 가만히 눈을 감으셨다. 그리고 7분 정도 침묵이 흘렀다고 한다. 그러다 갑자기 목사님에게 무릎을 꿇고 말씀하시더란다.

"목사님, 제가 너무 잘못했습니다. 이 고추가 뭐라고, 이 고추가 뭐라고!"

그리고는 미련을 딱 끊어버리고 그때부터 새벽기도에 나오기 시작하셨다고 한다. 그런데 더 재미있는 일이 일어났다. 그 교회에 등록한 지 석 달밖에 안 된 신자가 그 권사님을 따라 새벽기도에 나오기 시작한 것이다. 그래서 목사님이 물으셨다.

"아니 자매님, 어떻게 새벽기도를 다 나오셨습니까?"

그랬더니 그 초신자 자매가 "목사님, 저도 권사님 밭 옆에 고추를 심어놓았습니다"라고 했다고 한다. 이 교회는 새벽기도 안 나오면 목사님이 고추를 다 뽑아버리는 줄 알고 열심히 나온 것이다.

나는 그 책을 읽으면서 마음에 아픔을 느꼈다. 아무나 따라할 수 있는 처방은 아니지만, 그 목사님이 가진 영적인 야성이 부러웠다. 나도 개척 초기에는 그런 열정이 있었는데 하며 괜스레 아쉬운 마음도 들었다.

우리에게 이런 열정과 영성이 회복되어야 한다. 기도가 회복되어야 한다. 그 권사님이 고추밭에 목을 매고 거기에 몰두할 때는 아무 일도 일어나지 않았는데, 그 고추밭에 미련을 딱 버리고 새벽에 기도하기 시작하면서 그 해에만 열한 명을 전도했다고 한다.

우리의 기도를 방해하는 영적 고추밭은 무엇인가? 자녀인가? 물질인가? 컴퓨터인가? 기도해야 한다. 기도와 더불어 다시 한 번 부흥이 일어나야 한다. 우리가 일신우일신 할 수 있는 유일한 길은 기도이다.

> 일을 행하시는 여호와, 그것을 만들며 성취하시는 여호와, 그의 이름을 여호와라 하는 이가 이와 같이 이르시도다 너는 내게 부르짖으라 내가 네게 응답하겠고 네가 알지 못하는 크고 은밀한 일을 네게 보이리라 렘 33:2,3

이왕 신앙생활 하는데, 이왕 예수님 믿는데 일하시는 하나님의 능력을 맛보고 경험하는 신앙생활을 해야 하지 않겠는가? 고추밭을 관리하는 데 온통 신경이 팔려서 이 은밀한 하나님의 일하심을 누리지 못하고 그저 아무 일 없는 채로 살아가고 있는 우리의 영이 이제 살아나야 한다. 내가 소중히 여기는 습관, 취미, 내 영혼의 고추밭을 다 갈아엎어버리고 하나님 앞에 순종하고 부르짖으며 나아갈 때, 거기서 영적인 은밀한 능력과 역사가 일어날 줄 믿는다.

패트릭 존스톤 선교사가 이런 말을 했다.

"우리가 일하면 우리가 일하는 것이지만, 우리가 기도하면 하나님이 일하신다(When we work, we work. When we pray, God works)."

구세군을 창설한 윌리엄 부스 목사는 이렇게 말했다.

"모든 일이 나에게 달려 있는 것처럼 일하고, 모든 일이 하나님께 달려 있는 것처럼 기도하라."

정말 멋진 말이다. 모든 일이 나에게 달려 있는 것처럼 내게 맡겨진 일에 최선을 다하고, 또 모든 일이 하나님께 달려 있는 것처럼 기도할 때 하나님이 능력 주시는 자 안에서 우리에게 능력을 주신다.

성령을 구하라

셋째, 일신우일신을 위해서는 성령을 구해야 한다. 바울이 에베소교회를 위해 기도하되, 무엇을 위해 기도했는가?

> 우리 주 예수 그리스도의 하나님, 영광의 아버지께서 지혜와 계시의 영을 너희에게 주사 하나님을 알게 하시고 엡 1:17

바울의 위대한 점은 그가 성도를 향한 사랑을 기도로 표현했다는 것이고, 그보다 더 위대한 것은 기도하되 본질을 구했다는 것이다. 하나님이 주시는 성령의 열매를 구하는 것보다 더 중요한 것은 성령님 자체를 구하는 것이다. 우리는 성령을 구해야 한다. 그럴 때 날마다 주님 안에서 새로워질 수 있다. 이 부분에 대해서는 다음 장에서 좀 더 자세히 살펴보자.

이제 다시 꿈을 꾸었으면 좋겠다. 지상 교회는 장차 누리게 될 하나님나라의 모형이라고 하는데, 우리 교회가 그런 교회 되도록 기도하자. 그리고 그 일이 가능하도록 하나님 앞에서 일신우일신을 꿈꾸며 사랑을 회복하자. 넉넉하게 포용할 수 있는 넓은 마음을 구하자. 그리고 그것을 표현할 수 있는 격려의 입술이 되기를 구하자.

또한 기도하되 본질을 구하는 기도가 우리에게 있기를 원한다. 그리하여 우리의 가정이, 우리의 교회가 다시 한 번 하나님 앞에서 새로워지고 새로워지기를, 온전한 회복이 있기를 바란다.

우리는 크리스천으로서 이 시대를 보는 남다른 통찰력을 가

지고 있는가? 세상 사람들은 범접할 수 없는 깊은 통찰력으로

세상에 영향력을 끼치고 있는가?

PART 3

하늘의 비밀을
아는 자

IDENTITY

에베소서 1장 17-19절
우리 주 예수 그리스도의 하나님, 영광의 아버지께서 지혜와 계시의 영을 너
희에게 주사 하나님을 알게 하시고 너희 마음의 눈을 밝히사 그의 부르심의
소망이 무엇이며 성도 안에서 그 기업의 영광의 풍성함이 무엇이며 그의 힘의
위력으로 역사하심을 따라 믿는 우리에게 베푸신 능력의 지극히 크심이 어떠
한 것을 너희로 알게 하시기를 구하노라

chapter *12*

지혜와 계시의 성령을 구하라

성령의 후폭풍

고려신학대학원에서 가르치시는 박영돈 교수님의 《성령충만, 실패한 이들을 위한 은혜》라는 책을 읽어보면 '성령의 후폭풍'이란 표현이 등장한다. 이 표현은 저자가 군에서 경험했던 106mm 무반동총을 떠올리며 생각한 것이라고 한다.

106mm 무반동총은 지프에 싣고 다니는 기다란 포(砲) 같은 것으로, 이 총의 특징은 이름처럼 발사될 때 반동이 없다는 것이다. 그런데 반동이 없는 대신 포 뒷면으로 불이 뿜어져 나와 후폭풍을 만들어낸다고 한다. 그러다 보니 이 포를 쏘면 뒷면에 있던 꽃이나 풀 같은 것들이 그 후폭풍에 다 시들어버린다고 한다. 이분이 여기서 힌트를 얻어 '성령의 후폭풍'이란 단어를 만들었다.

'성령의 후폭풍'은 글자 그대로 성령님이 역사하시면 순방향으로는 성령의 소욕을 따르는 역사가 풍성하게 일어나지만, 반대로 성령을 거스르는 육체의 소욕은 시들게 만든다는 것이다. 그러면서 인용한 성경구절이 이사야서 40장 6,7절 말씀이다.

> 말하는 자의 소리여 이르되 외치라 대답하되 내가 무엇이라 외치리이까 하니 이르되 모든 육체는 풀이요 그의 모든 아름다움은 들의 꽃과 같으니 풀은 마르고 꽃이 시듦은 여호와의 기운이 그 위에 붊이라 이 백성은 실로 풀이로다 사 40:6,7

여기서 말하는 '여호와의 기운'이라는 것이 바로 성령의 바람을 의미한다. 칼빈은 이 부분을 이렇게 해석했다.

"하나님께서 자기 백성을 영적으로 새롭게 하실 때 하나님을 대적해서 높아진 육신의 모든 영광과 아름다움을 시들게 하고 쇠퇴하게 한다."

그리고 영국의 설교가 스펄전 목사님은 이 본문을 가지고 설교하면서 설교 제목을 이렇게 정했다.

"시들게 하는 성령의 사역."

그 설교의 핵심은, 성령님은 우리를 영적으로 풍성하게 하시기 이전에 육적으로 쇠퇴하게 하신다는 것이다. 여기서 말하는 '육적'이라는 것은 부패한 성품을 총체적으로 가리킨다. 그래서 '시들게 하시는 성령님'이란 것이다.

그 책을 읽으면서 우리에게 이 같은 성령의 후폭풍으로 비유되는 은혜가 임하기를 기도했다.

오늘 우리 시대는 영적으로 너무나 무지하고 몽매한 시대이다. 무엇이 진리이고 무엇이 비진리인지, 무엇이 옳고 무엇이 그른 것인지 분별하지 못하는 가슴 아픈 시대이다. 그렇기 때문에 성령님의 강력한 후폭풍이 불어와서 육체의 소욕은 소멸시키고 성령의 소욕은 다이내믹하게 분출되도록 해야 한다.

지혜와 계시의 성령을 구하라

바울도 에베소교회 성도들을 위해 똑같은 소원을 가지고 기도드린다.

> 우리 주 예수 그리스도의 하나님, 영광의 아버지께서 지혜와 계시의 영을 너희에게 주사 하나님을 알게 하시고 엡 1:17

앞에서 살펴본 것처럼, 바울은 자기가 개척했던 에베소교회 성도들을 사랑했다. 그리고 그 사랑의 표현이 중보기도로 나타났다. 또한 기도하되 본질을 구하는 기도를 드렸다. 그 본질이 무엇인가? 바로 성령님이시다. 성령님을 구하는 기도를 드린 것이다. 이것이 중요한 포인트이다.

기도하는 것도 중요하지만, 기도할 때 핵심, 즉 본질을 구하는 것이 중요하다. 성령님이 주시는 그 무엇에 관심을 가지고 드리는 기도가 아니라 성령님 자체를 구하는 기도, "성령님, 내 안에 임하소서. 후폭풍같이 임하셔서 내 안의 모든 육체적인 욕심을 다 태워 주시고 성령에 민감한 인생이 되게 해주소서"라고 구하는 기도가 필요하다.

그런데 여기서 한 가지 살펴볼 것은, 바울이 에베소교회 성도들을 위해 성령님을 구하는 기도를 하면서, 그 성령님을 이렇게 묘사한 부분이다.

"지혜와 계시의 영."

옥한흠 목사님은 이 구절을 이렇게 설명하셨다. '계시'는 하나님께서 우리에게 알려주시는 지식을 말하고, '지혜'는 하나님 편에서 알려주시는 그 계시를 우리 편에서 받아들일 수 있는 능력을 가리킨다고 했다.

LAB주석에서는 이 부분을 좀 더 쉽게 설명한다. '계시'란 감추어진 진리를 알려주시는 하나님의 행위와 관련이 있고, '지혜'는 하나님의 관점으로 인생을 볼 수 있는 분별력이라는 것이다.

그러고 보면 계시와 지혜는 동전의 양면과 같은 것이다. 하나님이 보여주셔야만 알 수 있는 것이 계시이고, 또한 하나님이 그 계시를 보여주실 때 깨닫고 수용할 수 있는 지혜가 우리에게 필요한 것이다. 그러므로 우리는 성령님을 구할 때 특별히 '지혜와 계시의 성령님'을 구해야 한다. 그래야 하나님의 관점으로 이 세상을 볼 수 있는 통찰력이 생긴다.

때로는 우리 인생에 후폭풍이 불어온다. 후폭풍이 불어와서 어느 날 갑자기 내가 자랑하던 모든 것들이 다 날아가 버리는 일들이 벌어진다. 나는 광야를 원하지 않는데 하나님이 나를 광야로 몰고 가신다. 나는 실패를 원하지 않았다. 나는 사람들에게 인정받고 싶었다. 그런데 하나님이 나를 시들게 만드신다. 초라하게 만드신다. 중요한 것은 우리 삶에 이런 고통이 찾아올 때 그것을 인간의 관점이 아닌 하나님의 관점으로 바라볼 수 있는 통찰력이다.

하나님의 신령한 지혜가 있는 사람에게는 하나님의 관점으로 해석할 수 있는 눈이 있다. 내 인생의 꽃이 시드는 것은, 내 인생이 실패하는 것은, 가고 싶지 않은 광야에 들어가는 것은 내가 재수가 없고 운이 나빠서가 아니라, 이런 과정들을 통해 하나님이 나에게 성령의 후폭풍과 같은 은혜를 베푸시기 위함이란 사실을 알아채는 영안이 필요하다. 이것이 신앙의 모습이다.

오늘날 교회가 왜 이렇게 힘을 잃었는가? 교인들의 수가 적어서 힘이 없는가? 초대교회 때 정말 미미한 소수의 사람들에게서 로마를 삼켜버릴 수 있는 놀라운 능력이 나타난 것은 바로 그들에게 이 지혜가 있었기 때문이다. 하나님의 관점으로 이 세상을 분별하고, 하나님의 관점으로 인생을 조명할 줄 아는 분별력과 통찰력이 우리에게 있어야 한다.

오늘 우리에게, 한국교회에, 우리 자녀들에게 지혜와 계시의 성령을 부어주셔서서 겉으로 보이는 것만 보고 일희일비하는 인생이 아니라, 겉으로 보기에는 후폭풍을 만나 꽃이 다 시들어버리고 풀은 다 불에 타버린 것 같은 초라한 상황이지만, 사실은 그것이 변장하고 찾아온 하나님의 축복임을 볼 수 있어야 한다. 이런 면에서 오늘 우리는 다른 어떤 것보다 이 지혜와 계시의 성령님을 구하는 인생, 그런 교회가 되어야 한다.

우리 마음의 눈을 밝혀주신다

우리가 이렇게 지혜와 계시의 성령을 구할 때 성령님은 우리에게 어떤 은혜를 주시는가?

우리 주 예수 그리스도의 하나님, 영광의 아버지께서 지혜와 계시의 영을 너희에게 주사 하나님을 알게 하시고 너희 마음의 눈을 밝히사 엡 1:17-18

지혜와 계시의 성령이 우리에게 주시는 가장 소중한 선물은 우리 마음의 눈을 밝혀주시는 것이다. 성령님을 늘 마음에 모시고 성령 충만을 갈망하는 사람들은 그가 어떤 신비로운 은사를 발휘해서가 아니라 마음의 눈이 밝아지면서 하나님을 알게 된다.

오늘날 교회 안에서 일어나는 모든 비극은 마음의 눈이 어두운 데서 기인한다. 그렇게 오랫동안 교회를 들락거린 사람들이 여전히 하나님을 잘 알지 못하고, 교회 안에서 그렇게 중요한 역할을 행하는 중직자들이 하나님에 대해 너무나 무지한 이유가 여기에 있다. 그러므로 우리는 항상 구해야 한다.

"성령님, 내 마음의 눈을 밝혀주시옵소서!"

성경에 보면 마음의 눈이 밝아진 사례가 있다. 엠마오로 향하던 두 제자 이야기가 바로 그 경우이다.

> 그들이 서로 이야기하며 문의할 때에 예수께서 가까이 이르러 그들과 동행하시나 그들의 눈이 가리어져서 그인 줄 알아보지 못하거늘 눅 24:15,16

사실 이것이 얼마나 가슴 아픈 상황인가? 여기 등장하는 제자들은 평소에 예수님 가까이에서 예수님과 함께 호흡하던 사람들이었다. 더군다나 19절에 보면 그들은 예수님이 능력을 행하시던 현장에 함께 있었고, 예수님의 능력을 인정했다.

> 이르시되 무슨 일이냐 이르되 나사렛 예수의 일이니 그는 하나님과 모든 백성 앞에서 말과 일에 능하신 선지자이거늘 눅 24:19

21절을 봤을 때 예수님에 대한 기대감도 가지고 있었던 사람들이다.

> 우리는 이 사람이 이스라엘을 속량할 자라고 바랐노라 눅 24:21

그런데 이렇게 오랫동안 주님과 동행했고, 주님을 인정했으며, 또 주님에게서 나타날 놀라운 능력을 기대하고 바랐음에도 불구하고 그들은 결정적인 순간에 예수님을 알아보지 못했다. 왜 알지 못했는가? 성경은 그 이유를 단적으로 이렇게 표현한다.

"그들의 눈이 가리어져서 그인 줄 알아보지 못하거늘."

지금 예수님의 십자가 사건 이후로 그들 내면에 드리워져 있던 좌절감과 아픔을 일시에 해결하실 수 있는 부활하신 예수님이 그들 곁으로 오셨다. 그러나 불행하게도 그들은 그 사실을 깨닫지 못했다.

17절에 보면 "두 사람이 슬픈 빛을 띠고 머물러 서더라"라고 되어 있다. 나는 이 장면이 너무 슬프다. 이것이 우리의 현실처럼 느껴지기 때문이다. 교회에 오래 다닌 크리스천이 얼마나 많은가? 모태신앙은 또 얼마나 많은가? 엠마오로 향하던 그 제자들처럼 예수님을 가까이서 경험하며 오랜 시간 교회에서 살아왔다. 하지만 절망 가운데 있는 우리에게 그 문제를 해결해주실 예수님이 나타났는데, 그 사실을 깨닫지 못해서 여전히 낙심과 절망 가운데 살아가고 있는 것은 아닌가?

그런데 그렇게 무지했던 두 제자가 나중에 부활하신 예수님을 알아보게 되는데, 여기에 중요한 포인트가 하나 있다.

그들과 함께 음식 잡수실 때에 떡을 가지사 축사하시고 떼어 그들에게 주시니 그

이 구절에서 '그들의 눈이 밝아져'라는 부분을 원어로 보면 수동태로 되어 있다. 그러니까 이렇게 해석하는 게 옳다.

"예수님이 눈을 밝혀주시니 눈이 떠졌더라."

원어로 보면 제자들의 눈이 밝아지게 된 이유와 주체를 분명히 기록하고 있는데, 예수님이 바로 그 주체가 되신다는 것이다. 나는 이 말씀 속에 우리가 믿어야 할 기독교 신앙의 핵심이 담겨 있다고 생각한다.

불교는 어두워진 눈을 인간의 고행과 노력으로 밝힐 수 있다고 믿는다. 하지만 우리는 다르다. 우리는 우리의 고행과 노력으로 득도하여 눈을 밝히려고 애쓰는 자들이 아니다.

오늘도 절망 중에 있는 우리를 찾아오셔서 우리 눈을 밝혀주시는 주님, 무지몽매한 엠마오로 가는 두 제자 같은 우리 인생 속에 지혜와 계시의 영으로 임하셔서 우리의 눈을 밝혀주시는 성령님의 은혜를 구하는 자들이다.

그러므로 오늘도 우리는 지혜와 계시의 영을 주셔서 우리의 눈을 밝혀주시기를 구해야 한다.

본질을 구할 때 성령의 바람이 분다

앞에서 《목사님, 전도가 너무 쉬워요》라는 책을 인용했는데, 그 책에 나오는 재미있는 이야기가 또 있다.

그 목사님이 전도사 시절에 전교인이 2,30명밖에 안 되는 작은 교회에 부임했다. 젊은 전도사님이 얼마나 열정과 꿈에 부풀었겠는가? 그런데 와서 보니 기가 막힌 상황이었다.

교회에 부임하고 얼마 안 되어 남전도회 월례회가 있다고 설교를 해달라는 요청을 받고 참석을 했다. 설교 후에 총무가 나와 남전도회 사업 보고를 하는데, 사업 보고가 딱 하나였다.

"예년과는 달리 이번 임원들은 선출되자마자 큰 꿈을 안고 5천 원씩 회비를 걷어 강아지를 한 마리 샀습니다. 지금 모 집사님 집에서 그 강아지를 몇 개월 동안 키우고 있는데 아주 잘 크고 있습니다. 이제는 제법 통통하게 살이 쪄서 우리의 계획대로 될 것 같습니다."

이게 무슨 소리인가 봤더니 강아지 한 마리 키워서 부부동반 친목 모임에서 잡아먹는 것이 남전도회에서 행하는 유일한 행사이자 사업이었다. 그 이야기를 들으며 목사님은 '이거 완전히 개판이구만'이라는 생각을 했다고 한다.

여전도회도 마찬가지였다. 여전도회에서는 회원들에게 김, 젓갈을 얼마씩 나누어주고는 팔아오라고 한 모양이었다. 월례회의 때 "아무개 집사님 얼마 팔았습니까?" 하면서 확인하는데, 이것 때문에 싸움이 벌어지기도 했다. 안 팔리는 걸 어떻게 하냐고, 어촌 지역에서 김을 누가 사겠냐며 막 따지기도 하고, 난장판이었다.

그래서 나중에 여전도회 임원들을 불러서 물었단다.

"아니, 무엇 때문에 교회에서 이런 장사를 해야 합니까? 그리고 왜 이런 것 때문에 싸움이 나도록 합니까?"

그랬더니 대답하기를, 이렇게 해야 교회 숟가락이나 밥그릇이라도 하나 살 수 있고, 또 교역자 생신 때 뭐라도 해드릴 수 있다는 것이다. 그리고 얼마쯤 지나서 그 전도사님의 생일이 되었다. 어느 집사님 집으로 오라고 해서 가봤더니 거기에 생일 밥상이 차려져 있었다. "전도사님, 생일 축하합니다" 하는데, 그 분이 화가 나서 소리쳤다.

"내가 언제 생일상 차려달라고 했습니까? 이런 것 하려고 교회에서 김 팔고 젓갈 팔고 하다가 싸우신 겁니까?"

그러면서 개혁이 시작되었는데, 교회 안에서 이런 비본질적인 것들을 없애고 교회의 본질인 복음과 전도 운동을 시작하게 되었다는 것이다. 성도들과 더불어 마을에 전도하러 나가기 시작하고 강력한 기도 운동을 벌여가면서 본질을 사모하니, 그 교회에 성령님의 강한 바람이 불기 시작했다.

그린벨트에 묶여 반경 몇 킬로미터 안에는 주택도 못 들어서는 지역에 있던 그 작은 교회가 지금은 너무나 역동적인 교회로 성장하였고, 얼마나 놀라운 성령의 역사들이 일어나고 있는지 모른다. 교회 안에 복음이 살아나자 기도가 회복되고, 한 영혼에 대한 구령의 열정이 살아나니 성도들의 태도가 바뀌었다. 교회의 부흥은 인간적인 요소를 다 배제하고 하나님이 부흥의 물꼬를 터주시도록 성령님을 구할 때 가능한 줄로 믿는다.

나는 그 책을 보면서 나도 옳지 않은 교회의 관행들을 더욱 철저히 배제해야겠다고 다짐했다. 우리 교회에서도 개척 초기부터 여러 가지 노력을 기울여왔지만, 그것만으로는 여전히 부족한 것 같다.

성령의 소욕으로 살아가는 인생

우리 모두의 마음 안에는 두 마음이 존재한다. 한 늙은 인디언 추장이 자기 손자에게 말했다고 한다.

"애야, 우리 모두의 마음속에는 두 마리의 늑대가 싸우고 있단다. 한 마리는 악한 늑대로 그 놈이 가진 것은 화, 질투, 슬픔, 후회, 탐욕, 거만, 자기 동정, 죄의식, 회한, 열등감, 거짓, 자만심, 우월감 그리고 이기심이란다. 그리고 우리 마음속 또 한 마리의 늑대는 바로 좋은 늑대란다. 그 좋은 늑대가 가진 것은 기쁨, 평안, 사랑, 소망, 인내심, 평온함, 겸손, 친절, 동정심, 아량, 진실, 그리고 믿음이란다."

그러자 추장의 손자가 이렇게 물었다.

"어떤 늑대가 이기나요?"

추장은 간단하게 대답했다.

"네가 먹이를 주는 그 놈이 이기지."

우리는 어떤 소욕에 먹이를 주며 살아가고 있는가? 육체의 소욕인가, 성령의 소욕인가?

　우리에게 신령한 지혜, 하나님의 관점으로 바라볼 수 있는 통찰력이 있어서 당장 눈앞에 보이는 육체의 소욕은 다 태워버리고 성령의 소욕으로 살아갈 수 있게 되기를 간절히 바란다. 그러한 지혜와 계시를 허락해주시는 성령님이 우리 모두에게 충만히 임하기를 바란다.

IDENTITY

에베소서 1장 17-19절
우리 주 예수 그리스도의 하나님, 영광의 아버지께서 지혜와 계시의 영을 너희에게 주사 하나님을 알게 하시고 너희 마음의 눈을 밝히사 그의 부르심의 소망이 무엇이며 성도 안에서 그 기업의 영광의 풍성함이 무엇이며 그의 힘의 위력으로 역사하심을 따라 믿는 우리에게 베푸신 능력의 지극히 크심이 어떠한 것을 너희로 알게 하시기를 구하노라

chapter 13

보이지 않는 것을 보는 눈

보이지 않는 것을 바라보는 통찰력

지금은 미국 땅이 되었지만, 알래스카는 원래 러시아의 영토였다. 그 땅을 1867년도에 미국이 러시아로부터 사들인 것이다. 미국 본토의 20퍼센트에 달하는 어마어마한 크기의 땅을 당시 720만 불, 그러니까 에이커 당 2센트에 샀다. 그 당시의 물가를 감안해도 이것은 거저 주운 것이나 다름없었다.

그런데도 당시에 알래스카 땅을 매입하겠다고 하자 여론의 반대가 굉장히 심했다고 한다. 의회에서도 반대가 심했다고 한다. 심지어는 그 일을 추진하던 당시 국무장관 윌리엄 스워드를 향해 비아냥거리며 험담하는 사람이 얼마나 많았는지, 의원 중에는 그가 매입법안을 제출하자 이렇게 비아냥거리는 사람도 있었다고 한다.

"아니, 그렇게 큰 아이스박스가 도대체 어디에 필요한 것입니까?"
또 이렇게 비아냥거리는 사람도 있었다.

"만약에 얼음이 필요하다면 미시시피 강의 얼음을 깨다가 장관 집에나 채우시오."

그런 많은 난관을 다 이겨내고 이 법안은 딱 한 표 차로 통과가 되었다. 그렇게 법안이 통과되고 나서도 여론이 좋지는 않았다. 그 쓸모없는 땅을 매입하기 위해 많은 예산을 낭비했다고 여론이 굉장히 나쁘게 돌아갔다. 그래서 '알래스카'라는 이름 대신에 그 장관의 이름인 스워드를 넣어서 '스워드의 바보짓'(Seward's Folly)이라고 부르기도 했다고 한다.

그렇게 조롱을 당하며 매입한 땅이었는데, 1세기도 지나지 않아서 그 안에 어마어마한 유전과 광물이 있다는 사실이 밝혀졌고, 러시아와 대치하는 상황에서 지정학적으로도 황금의 땅이 되지 않았는가?

그 과정을 정리한 글을 읽으면서 내가 주목한 것은, 그 땅의 매입을 주도했던 국무장관 스워드의 통찰력이다. 그는 반대하는 의원을 이렇게 설득했다고 한다.

"나는 눈 덮인 알래스카를 보고 그 땅을 사려는 게 아닙니다. 저는 그 안에 감추어져 있는 무한한 보고(寶庫)를 바라보고 사자는 것입니다. 저는 우리 세대를 위해 그 땅을 사자는 것이 아닙니다. 다음 세대를 위해서 그 땅을 사자는 것입니다."

정말 대단한 통찰력 아닌가? 그는 남들이 보지 못하는 것을 보는 특별한 눈을 가졌다.

비슷한 이야기가 또 있다. 미국 플로리다 주에 가면 디즈니월드가 있다. 테마파크로는 세계 최대의 규모인데, 이 디즈니월드가 1971년도에 개장했을 때는 한평생 디즈니월드를 향한 꿈을 가지고 있던 월트 디즈니는 불행하게도 이미 죽고 없었다. 죽은 지 5년이나 지난 후였다. 디즈니월드를 오픈하면서 많은 사람들이 그것을 너무 안타까워했다.

개장식 때 한 직원이 월트 디즈니의 부인인 릴리 디즈니 여사에게 이렇게 말했다고 한다.

"디즈니 씨가 이 장면을 보았다면 얼마나 좋아하셨을까요?"

그랬더니 그 부인이 의외의, 그러나 너무 의미 있는 답을 했다.

"그이는 이 모습을 벌써 보았습니다. 그래서 이곳에 디즈니월드가 세워진 것이지요."

이 한 마디가 마음에 참 오래 남았다. 평범한 사람은 건물이 다 지어져야 그 건물을 볼 수 있지만, 비범한 사람은 건물이 세워지기 전 아무것도 보이지 않는 빈 터에서 이미 이 모든 것을 머릿속으로 그리고 또 볼 수 있는 눈을 가진 사람이다. 이것이 바로 통찰력이다.

나는 이런 이야기를 들으면서 하나님께 이런 기도를 드렸다.

"하나님, 저에게 이런 통찰력을 주시옵소서. 눈앞에 보이는 것에 급급한 목사가 아니라 다음세대를 아우를 줄 아는, 시대를 통찰하는 통찰력을 가진 영적인 지도자가 되게 해주시옵소서."

그리고 이 땅의 많은 가장들을 위해서 기도했다.

"하나님, 수많은 가장들에게 통찰력을 주옵소서. 보이지 않는 것을 그러나가면서 자녀들을 어떤 길로 인도해야 할지 볼 수 있는 통찰력을 주옵소서."

영적 통찰력이 필요하다

아마도 바울 역시 그런 마음을 가지고 이 기도를 드리지 않았을까 생각한다.

우리 주 예수 그리스도의 하나님, 영광의 아버지께서 지혜와 계시의 영을 너희에게 주사 하나님을 알게 하시고 너희 마음의 눈을 밝히사 엡 1:17,18

마음의 눈이 밝아진다는 것은 무엇을 의미하는가? 신령한 진리를 깨달을 수 있는 영적 통찰력을 이야기하는 것이다. 사람의 눈에는 보이지 않지만 성령께서 내 안에 계셔서 은혜를 주심으로 말미암아 영적인 통찰력을 가지고 하나님을 바라보게 하시고, 하나님의 심정을 헤아릴 수 있게 해주셔서 이 시대와 민족을 향한 하나님의 바른 길이 무엇인지 분별할 줄 아는 눈을 갖는 것, 이것이 마음의 눈이 밝아지는 것이다.

나는 이 기도문 속에서 우리 신앙인이 가져야 할 굉장히 중요한 포인트를 발견했다.

바울은 이미 15절에서 에베소교회의 성도들을 이렇게 인정했다.

"모든 성도를 향한 사랑을 나도 듣고."

에베소교회는 이미 성도들 간에 아름다운 사랑을 나누는 분위기 좋은 교회였다. 그런데 바울은 그것만으로 만족하지 않고 지혜와 계시의 성령을 주셔서 하나님을 알게 하시고 그들 마음의 눈을 밝혀주시기를 기도하고 있었다. 교회는 서로 사랑해야 한다. 용서해야 한다. 용납해야 한다. 분위기가 좋아야 한다. 하지만 그것만으로 교회가 구성되는 것은 아니다.

교회는 성령님이 일하시는 영적인 공동체이다. 교회는 은혜와 진리의 성령께서 역사하심으로 성도들의 눈이 뜨이고 점점 밝아지는 공동체이다. 아무것도 모르고 교회에 따라와서 처음에는 '이 사람들 인상도 나쁘지 않고 생각보다 분위기는 좋네' 하면서 다니다가, 자기도 모르게 성령님을 경험하며 영안이 뜨이고 은혜와 진리의 성령께서 그 심령에 역사하심으로 점점 더 영적인 신비를 알아가는 곳, 그곳이 바로 교회이다.

그렇기 때문에 담임목사로서 내 마음에 항상 이런 부담이 있다.

'분당우리교회가 성도들은 이렇게 많이 모이는데 과연 이 공동체가 성령님이 살아 계시고 역사하심으로 계속해서 눈이 밝아지고 있는가? 1년차보다 2년차가, 2년차보다 3년차의 영안이 더 밝아지고 있는가?'

우리는 크리스천으로서 이 시대를 보는 남다른 통찰력을 가지고 있는가? 세상 사람들은 범접할 수 없는 깊은 통찰력으로 세상에 영향력을 끼치고 있는가? 적어도 예수 믿는 사람이라면 이 시대를 세상 사람들과는 다른 눈으로 볼 줄 알아야 하지 않겠는가?

통찰력이 없으면 망한다

이것이 안 되어서 실패한 사람이 롯이다.

> 아브람이 롯에게 이르되 우리는 한 친족이라 나나 너나 내 목자나 네 목자나 서로 다투게 하지 말자 네 앞에 온 땅이 있지 아니하냐 나를 떠나가라 네가 좌하면 나는 우하고 네가 우하면 나는 좌하리라 창 13:8,9

아브라함은 역시 믿음의 조상답다. 자기 목자들하고 조카 롯의 목자들이 자꾸 영역 싸움을 하며 다투자 "이제 우리 갈라서자"고 하는데, 기득권 다 챙기고 "네가 가라"고 한 게 아니다. 아브라함은 모든 것을 다 양보했다.

"모든 결정권은 너에게 주마."

이것이 하나님 믿는 사람의 모습이다. 그랬더니 롯은 무엇을 선택했는가?

> 이에 롯이 눈을 들어 요단 지역을 바라본즉 소알까지 온 땅에 물이 넉넉하니 여

호와께서 소돔과 고모라를 멸하시기 전이었으므로 여호와의 동산 같고 애굽 땅

과 같았더라 그러므로 롯이 요단 온 지역을 택하고 동으로 옮기니 그들이 서로

떠난지라 창 13:10,11

롯이 본 것은 겉으로 보이는 화려함뿐이었다. 그에게는 영적인 통찰력이 없었다. 그래서 눈으로 보기에 보암직한 것, 매력적인 것을 선택한 것이다. 그런데 그가 택한 소돔은 어떤 곳이었는가?

소돔 사람은 여호와 앞에 악하며 큰 죄인이었더라 창 13:13

롯에게는 이것을 볼 수 있는 눈이 없었다. 그러다 보니 결과적으로 그가 선택한 그 땅 때문에 롯은 물론이고 그의 가족까지 망하게 된 것이다. 그렇기 때문에 가장들이 기도해야 한다. 또 가장들을 위해 기도해야 한다. 성령께서 은혜를 주심으로 가장들의 영안을 열어주셔서 롯처럼 잘못된 판단을 하지 않도록 기도해야 한다.

이런 의미에서 롯과 상반된 인물로 신약의 고넬료를 들 수 있다. 고넬료 한 사람의 영안이 하나님 앞에서 밝아지니 어떤 결과가 일어났는가?

가이사랴에 고넬료라 하는 사람이 있으니 이달리야 부대라 하는 군대의 백부장

이라 그가 경건하여 온 집안과 더불어 하나님을 경외하며 백성을 많이 구제하고

그는 자기만 경건한 게 아니라 온 집안이 긍휼을 알고 기도하는 법을 알게 했다.

우리 가정은 어떤가? 나는 롯과 같은 눈을 가진 가장인가? 아니면 고넬료처럼 선한 영향력을 미치는 가장인가? 그래서 나는 나를 포함하여 모든 가장들을 위해 기도한다. 우리 마음의 눈을 밝혀주시도록, 이 땅을 이끌어가는 모든 가장들에게 선한 분별력을 주시도록 말이다.

본문을 중심으로 우리가 한평생 드려야 할 중요한 기도제목 두 가지를 생각해보자.

우리의 영안을 열어주소서!

첫 번째로 우리는 '영적인 눈을 밝혀달라'고 기도해야 한다.

열왕기하 6장에서 영적인 눈이 밝아지는 것이 얼마나 중요한지를 보여주는 사례를 하나 볼 수 있다. 배경이 이렇다. 당시 세계적인 강국이었던 아람 왕이 조그마한 북 이스라엘을 침공한다. 그런데 이상하게도 모든 것을 다 갖춘 아람의 이스라엘 침공 작전은 번번이 실패했다. 그래서 어떻게 된 일인지 조사해보니, 엘리사라고 하는 이스라엘의 탁월한 영적 지도자 때문이었다.

진노한 아람 왕은 엘리사를 잡아들이라고 명했다. 군대를 출동시켜 엘리사가 머물고 있는 도단 성을 에워쌌다. 그 상황을 목도한 엘리사의 사환이 큰 충격을 받았다.

> 하나님의 사람의 사환이 일찍이 일어나서 나가보니 군사와 말과 병거가 성읍을 에워쌌는지라 그의 사환이 엘리사에게 말하되 아아, 내 주여 우리가 어찌하리이까 하니 왕하 6:15

성경이 참 생생하게 묘사했다. 절망적인 사환의 비명소리가 바로 옆에서 들리는 것 같다. 그런데 그 소리를 들은 엘리사가 사환에게 위로하는 말이 좀 황당하다.

> 대답하되 두려워하지 말라 우리와 함께한 자가 그들과 함께한 자보다 많으니라 하고 왕하 6:16

그 사환의 입장에서 보면 말이 안 되는 소리이다. 분명히 자기 눈으로 목도하고 있는 현실은 절망 그 자체이다. 적군의 말과 병거가 성읍을 에워싸고 있고, 포위된 성은 곧 초토화될 수밖에 없는 상황이다.

그런데 엘리사는 왜 이런 말을 하는가? 엘리사에게는 젊은 사환에게는 없던 시각이 하나 있었기 때문이다.

기도하여 이르되 여호와여 원하건대 그의 눈을 열어서 보게 하옵소서 하니 여호
와께서 그 청년의 눈을 여시매 그가 보니 불말과 불병거가 산에 가득하여 엘리사
를 둘렀더라 왕하 6:17

좌절한 젊은 사환과 달리, 그런 상황 속에서도 엘리사가 좌절하
지 않은 것은 보는 것이 달랐기 때문이다.

영안이 열릴 때 위로할 수 있다

나는 이 구절을 묵상하면서 많은 생각을 했다. 지금 우리나라가
얼마나 어렵고 어지러운 상황인가? 이런 상황 속에서 신앙을 가진
우리는 이 땅에서 벌어지는 현실을 어떤 눈으로 보고 느끼고 판단
하고 있는가? 우리에게 그 젊은 사환의 시각밖에 없어서 날마다 절
망의 신음 소리를 내고 있지는 않는가?

사실 지금 우리나라에서 들려오는 소리는 "아아, 내 주여 우리가
어찌하리이까" 하는 탄식의 소리뿐이다. 이럴 때 크리스천인 우리가
가져야 할 태도가 무엇인가?

세상 사람들과 똑같은 시각으로 보고 판단하여 그들과 똑같이
좌절하고 절망하는 신음 소리를 낼 것이 아니라 엘리사의 시각을
가지고 그들을 위로해야 한다.

"두려워하지 말라 우리와 함께한 자가 그들과 함께한 자보다 많
으니라!"

사도행전에서 바울이 경험한 사례도 마찬가지이다. 바울이 복음을 전하다가 붙잡혔다. 체포되어 로마로 압송되는 중이다. 결박된 채 배를 타고 가는데, 그 배가 유라굴로라는 큰 광풍을 만났다. 언제 죽을지 모를 상황에서 평소에는 폼 잡던 선장도 혼비백산하여 난리다.

바로 그때 바울이 등장한다.

여러 날 동안 해도 별도 보이지 아니하고 큰 풍랑이 그대로 있으매 구원의 여망마저 없어졌더라 여러 사람이 오래 먹지 못하였으매 바울이 가운데 서서 말하되 여러분이여 내 말을 듣고 그레데에서 떠나지 아니하여 이 타격과 손상을 면하였더라면 좋을 뻔하였느니라 내가 너희를 권하노니 이제는 안심하라 너희 중 아무도 생명에는 아무런 손상이 없겠고 오직 배뿐이리라 행 27:20-22

지금 이 이야기를 듣고 있는 선장이나 그 배에 탄 사람들이 어땠을지 한번 생각해보라. 아마도 엘리사의 사환과 비슷한 생각을 했을 것이다.

'이 사람이 더위를 먹었나. 결박당한 주제에 낄 데 안 낄 데 구분 못하고 무슨 소리야? 네가 뭔데 우리더러 안심을 하라 마라야?'

아마도 이런 반응이었을 것이다.

그런데 바울은 무슨 근거로 그런 이야기를 했는가? 영안이 열려 있었기 때문에 그가 보고 들은 것이 있었다.

내가 속한 바 곧 내가 섬기는 하나님의 사자가 어제 밤에 내 곁에 서서 말하되 바울아 두려워하지 말라 네가 가이사 앞에 서야 하겠고 또 하나님께서 너와 함께 항해하는 자를 다 네게 주셨다 하였으니 그러므로 여러분이여 안심하라 나는 내게 말씀하신 그대로 되리라고 하나님을 믿노라 행 27:23-25

나는 이 구절만큼 그리스도인의 정체성을 잘 드러내는 말씀이 없다고 생각한다. 그리스도인의 정체성이 무엇인가? 목사의 정체성이 무엇인가? 평상시에 보이는 목사의 모습은 포박당한 바울처럼 아무런 힘도 없는 존재여야 한다. 그러다가 교회가 어려움에 빠져 혼미해질 때, 그때 멋지게 나서서 성도들을 안돈시키는 역할을 해야 한다. 결정적인 순간에 자기 정체성을 드러내며 결정적으로 쓰임 받아야 한다.

현실은 어떤가? 평상시에는 목에 힘주며 멋진 모습으로 서 있다가 결정적인 순간에는 아무런 역할도 하지 못하는 초라한 모습을 보이고 있지는 않은가? 이런 생각을 하면 목회자인 나 스스로 부끄러움을 느낀다.

교회도 마찬가지이다. 평상시에는 저 교회가 왜 존재해야 하는지 모르겠다는 비아냥거리는 소리를 들을지언정, 나라가 혼미하고 위기를 만날 때, 본문의 바울처럼 결정적인 역할을 하는 것이 교회여야 하지 않겠는가?

오늘날 교회를 보면 부끄럽다. 평상시엔 안 잡아도 될 온갖 폼

다 잡다가 정작 나라가 위기를 만나고 성도가 어려움을 겪을 때는 해줄 말이 없어진다.

평상시에 우리는 졸(卒)과 같은 사람이어야 한다. 너무 폼 잡으면 안 된다. 그러다가 위기를 만나고 어려움을 당하고 사람들의 비명소리가 이곳저곳에서 들려올 때, 그때 영안이 열린 자들이 나서서 그들을 안돈시켜주어야 한다.

오늘날 교회가 이런 일을 하고 있는가? 성도들은 직장에서 그런 자로 살아가고 있는가? 위기를 만날 때 주변에서 우리를 찾아와 기도를 부탁하는가? 그렇지 못한, 너무너무 가슴 아픈 현실이다.

두 시각이 대립할 때

또 하나, 열왕기하 6장의 구도를 살펴보자. 지금 엘리사의 시각과 젊은 사환의 시각이 대립되고 있다. 엘리사의 사환은 그 상황을 비관적으로 보았다.

'이제 우리는 끝났다. 우리는 죽었다.'

그래서 비명을 지르고 있는데, 엘리사의 시각은 정반대이다. 괜찮다는 것이었다. 이처럼 두 시각이 대립하고 있다.

그런데 그 상황에서 엘리사는 어떤 태도를 취하는가? 엘리사는 자기 논리나 주장을 가지고 사환을 설득하려고 애쓰지 않았다. 일절 그런 것이 없다. 엘리사는 자기와 생각이 다른 젊은 사환과 논쟁하는 대신에 하나님께 기도했다.

"하나님, 저의 눈을 열어주신 하나님, 저 젊은 사환의 영안도 열어 주시옵소서."

오늘 우리 젊은이들의 비극은 이런 어른이 없다는 데 있다. 윽박 지르는 어른만 많은 것 같다. 왜 젊은 청년들이 이토록 기성세대를 불신하는지 그 이유는 들어볼 생각도 않고 '똑바로 살라'고 윽박지르며 자기 생각을 주입시키려고 한다.

이런 상황이기 때문에 지금 우리 사회는 엘리사와 같은 지도자들이 더욱 필요한 시대라고 믿는다. 이들을 위해 기도하는 자가 필요하다.

"하나님, 이 땅의 젊은이들을 축복해주셔서 저들이 좌로나 우로나 치우치지 않도록 영안을 열어주시기 원합니다."

우리에게 올바른 시선을 주소서!

두 번째로 우리는 '올바른 시선'을 달라고 기도해야 한다.

창세기 3장에 나오는 아담과 하와의 타락을 보면 많은 생각을 하게 된다.

여자가 그 나무를 본즉 먹음직도 하고 보암직도 하고 지혜롭게 할 만큼 탐스럽기도 한 나무인지라 여자가 그 열매를 따먹고 자기와 함께 있는 남편에게도 주매 그도 먹은지라 창 3:6

사탄의 꾐에 빠진 하와가 선악을 알게 하는 나무의 열매를 따먹고 그 남편 아담에게도 주어 먹게 했다. 그런데 나는 사탄의 꾐에 빠져 타락의 길로 빠져버린 아담과 하와에게 나타나는 결과에 큰 충격과 두려움을 느낀다.

이에 그들의 눈이 밝아져 창 3:7

내가 느끼는 두려움이 무엇인지 아는가? 성령도 우리의 눈을 밝혀주시지만 악령도 똑같이 우리의 눈을 밝혀준다는 사실이다. 타락한 그들의 눈이 밝아졌다. 그런데 눈이 밝아지자 무슨 일이 벌어졌는가?

자기들이 벗은 줄을 알고 무화과나무 잎을 엮어 치마로 삼았더라 창 3:7

아담과 하와는 밝아진 눈으로 하나님의 영광을 보기보다는 벌거벗은 자신들의 모습을 바라보았다. 마치 롯이 밝은 눈으로 화려하기 그지없는 세속 세계를 본 것처럼.

내가 느끼는 두려움이 여기에 있다. 악령도 우리의 눈을 밝힌다. 그런데 중요한 것은, 악령에 의해서 눈이 밝아진 사람은 왜곡된 시선을 갖게 된다. 벌거벗은 자기를 보고 절망한다. 수치심에 빠진다. 성령에 의해 눈이 밝아진 사람은 하나님의 영광을 본다. 엘리사와 같이 하나님의 불말과 불병거를 본다.

우리 자신을 한번 돌아보자. 우리의 눈이 밝아졌는가? 누구에 의해 밝아졌는가? 내가 지금 무엇을 보느냐가 그것을 말해준다. 허구한 날 초라한 자기 자신만 바라보거나, 비참한 자기 가정만 들여다보고, 문제 많은 남편, 문제 많은 아내만 들여다보면서 좌절하고 있다면 그 눈은 감았다가 다시 떠야 한다.

우리가 성령에 의해 제대로 눈을 뜨게 되면, 지혜와 계시의 성령께서 우리의 눈을 뜨게 하시면 우리의 바라보는 것이 달라진다. 성령이 우리의 눈을 뜨게 하시면 하나님의 영광을 볼 줄 믿는다. 불말과 불병거로 우리를 엄위하고 계시는 여호와 하나님을 바라보게 될 줄 믿는다.

시선이 바뀌면 인생이 바뀐다

창세기 13장에 참 의미 있는 말씀이 나온다.

롯이 아브람을 떠난 후에 여호와께서 아브람에게 이르시되 너는 눈을 들어 너 있는 곳에서 북쪽과 남쪽 그리고 동쪽과 서쪽을 바라보라 창 13:14

이 말씀은 바로 앞에 나오는 10절 말씀과 너무나 대조되는 말씀이다.

이에 롯이 눈을 들어 요단 지역을 바라본즉 소알까지 온 땅에 물이 넉넉하니 여호와께서 소돔과 고모라를 멸하시기 전이었으므로 여호와의 동산 같고 애굽 땅과 같았더라 창 13:10

롯은 탐욕적인 눈으로 자기가 원하는 세계를 바라보았다. 여기에 반해 아브라함은 하나님이 보라고 하시는 그곳을 바라보았다. 성령에 의해서 눈이 떠진 사람은 하나님이 보라는 곳을 본다. 자기 탐욕과 자기 의와 심지어 악령에 의해 눈이 떠진 사람은 탐욕적인 것, 보고 싶은 것만 본다. 그래서 롯은 망했고, 아브라함은 믿음의 조상이 되었다.

분당우리교회를 개척하고 몇 달 후에 두려움에 휩싸인 적이 있었다. 청소년 사역만 하다가 막상 어른 사역을 하려니 모든 것이 막막하고 두려웠다.

그렇게 연약하고 부족한 내 모습을 바라보며 초라해져 있을 때 하나님은 내 시선을 교정해주셨다. 거리 벤치에 앉아 있던 나에게 찬양을 주셨다.

보라 너희는 두려워말고
보라 너희를 인도한 나를
보라 너희는 지치지 말고
보라 너희를 구원한 나를

보라 하나님 구원을, 보라 하나님 능력을

너희를 위해서 싸우시는 주의 손을 보라

_이연수, 〈보라 너희는 두려워 말고〉

이 찬양을 주시는데 하염없이 울었다. 하나님은 그때 나의 시선을 바꾸기 원하셨다.

'벌거벗은 네 몸을 보지 말고 나를 바라보아라.'

그러면서 슬라이드 사진 넘어가는 것처럼 그동안 내 인생에서 하나님이 행하신 일들을 쭉 보여주시며 회복시켜주셨다.

우리가 악령의 꼬임에 넘어가 눈을 떴던 아담과 하와처럼 벌거벗은 자기를 보는 인생이 아니라, 지혜와 계시의 성령에 의해 눈이 뜨인 사람답게 하나님의 영광을 바라보는 인생이 다 되기를 바란다.

우리는 이 두 가지를 늘 기도해야 한다.

"어려울 때일수록 선지자 엘리사가 가졌던 영적인 눈으로 보게 해주옵소서!"

그래서 그 젊은 사환처럼 눈에 보이는 현실 앞에 무너지는 인생이 아니라 영안이 열려 불말과 불병거로 우리를 엄위하시는 하나님을 바라볼 수 있기를 기도해야 한다.

"하나님이 열어주신 영안을 가진 자답게, 수치스러운 나 자신을 바라보는 것이 아니라, 나를 돌보시는 하나님을 바라볼 수 있게 해주옵소서!"

지혜와 계시의 영으로 우리의 영안을 열어주심으로 친히 우리의 인생을 돌보아주시고 엄위해주시는 하나님을 바라보는 인생이 다 되기를 기도한다.

에베소서 1장 17-19절
우리 주 예수 그리스도의 하나님. 영광의 아버지께서 지혜와 계시의 영을 너
희에게 주사 하나님을 알게 하시고 너희 마음의 눈을 밝히사 그의 부르심의
소망이 무엇이며 성도 안에서 그 기업의 영광의 풍성함이 무엇이며 그의 힘의
위력으로 역사하심을 따라 믿는 우리에게 베푸신 능력의 지극히 크심이 어떠
한 것을 너희로 알게 하시기를 구하노라

chapter 14

반드시 알아야 할 것들

더 높은 가치를 위해서

미국 LA 근교에 있는 팜 스프링스라는 작은 도시에 관한 이야기를 읽은 적이 있다. 팜 스프링스는 일종의 계획도시이다. 사막 한가운데 200여 개의 골프장을 만들고 그 안의 주택을 분양하여 전원도시를 만든, 휴양지 같은 곳이다. 그곳은 지금 미국의 은퇴자들이 가장 살고 싶어 하는 곳이 되었다.

책의 저자가 팜 스프링스를 방문했는데, 한 가지 이상한 것이 있었다고 한다. 그게 뭔가 하니, 그 도시에는 이상하게도 가로등이 없었다는 것이다. 그래서 알아봤더니 팜 스프링스 시의회에서 결의하여 가로등을 없애기로 했다는 것이다. 왜 그랬을까?

사막에서 가장 경쟁력 있는 관광 상품은 바로 밤하늘의 별빛인데, 가로등 때문에 별빛의 선명도가 떨어져 가로등을 없애기로 했다는 것이다. 대단한 발상이다.

사실 가로등이 없으면 당장 불편한 것이 한두 가지가 아니다. 밤길 운전하기도 불편하고, 걷기에도 불편하다. 이런저런 불편한 게 한두 가지가 아닌데도 시의회에서는 별빛을 밝혀야겠다는 한 가지 목표가 너무 뚜렷하기 때문에 가로등을 없애는 중대한 결정을 할 수 있었다. 그것이 저자에게 굉장히 인상 깊고 감동적이었다고 한다.

이처럼 더 높은 가치를 붙잡기 위해 상대적으로 낮은 가치를 포기하는 것을 '가치이동'이라고 한다. 나는 그 책을 읽으면서 예수님을 믿는 그리스도인들이야말로 더 높은 가치인 예수 그리스도를 위해 세상의 낮은 가치를 과감히 포기하는 존재들이란 생각을 해보았다.

그 대표적인 케이스가 바로 바울이다.

그러나 무엇이든지 내게 유익하던 것을 내가 그리스도를 위하여 다 해로 여길뿐더러 또한 모든 것을 해로 여김은 내 주 그리스도 예수를 아는 지식이 가장 고상하기 때문이라 빌 3:7,8

바울은 '예수 그리스도'라는 높은 가치를 붙잡기 위해 어떤 태도를 취하는가?

내가 그를 위하여 모든 것을 잃어버리고 배설물로 여김은 그리스도를 얻고 그 안에서 발견되려 함이니 빌 3:8,9

마치 팜 스프링스 시의회에서 상대적으로 가치가 낮은 가로등을 포기함으로써 더 가치 있는 별빛을 붙잡기로 결의한 것처럼, 바울은 가장 고상한 예수 그리스도를 발견한 이후 예수 그리스도를 더 아름답게 섬기기 위해서 상대적으로 낮은 가치라고 생각하는 세상 것들을 다 포기했다. 그는 그것을 배설물처럼 여겼다.

사실 세상에서 좋은 학벌을 갖는 것도 대단한 일이다. 명문 집안을 배경으로 하는 일도 대단한 일이다. 그럼에도 바울이 이렇게 고백할 수 있었던 것은 가장 가치 있는 예수 그리스도를 발견했기에, 또한 예수 그리스도라고 하는 '최고의 가치'를 붙잡기 위해서는 지금까지 자기가 추구하던 '상대적으로 낮은 가치'를 포기해야 한다는 사실을 깨달았기에 가능했다.

우리는 바울에게서 이런 자세를 배워야 한다. 이것도 잡고 저것도 잡으려다가 가로등도 놓치고 별빛도 놓치는 어리석은 결과를 맛보는 것이 아니라, 더 좋은 가치를 붙잡기 위해 가로등을 포기하는 결단을 할 수 있는 인생이기를 바란다.

그리고 그렇게 세상의 기득권을 포기하고 가로등을 포기했을 때 예수 그리스도라고 하는 참으로 아름다운 별빛을 누리며 사는 행복이 있기를 기도한다. 세상에서 가장 억울한 사람이 가로등 깨버리고 별빛도 못 누리는 사람이다. 얼마나 어리석은 일인가? 기왕에 우리가 가로등을 포기하기로 했다면 별빛을 바라보는 참 믿음을 갖게 되기를 기도한다.

마음의 눈이 밝아지면 알게 되는 것들

앞에서도 언급했던 것처럼, 바울은 에베소교회 성도들을 위해서 지혜와 계시의 성령을 구하고 있다. 그리고 그 지혜와 계시의 성령을 구하면 성령께서 우리 마음의 눈을 밝혀주신다고 언급했다. 이제 여기서 다루고 싶은 것은 이렇게 '마음의 눈이 밝아지면' 알게 되는 몇 가지 중요한 것들이 있다는 사실이다. 마음의 눈이 밝아지면 우리에게 어떤 일이 일어나는가?

부르심의 소망을 알게 된다

첫째로 마음의 눈이 밝아지면 '부르심의 소망'이 무엇인지를 알게 된다.

> 너희 마음의 눈을 밝히사 그의 부르심의 소망이 무엇이며 성도 안에서 그 기업의
> 영광의 풍성함이 무엇이며 엡 1:18

여기 나오는 '부르심'이 시간적으로 과거에 해당된다면, '소망'은 미래에 해당되는 말씀이다. 그러므로 우리는 '과거'에 우리에게 주셨

던 이 '부르심'의 은혜를 생각할 때마다 감사하고 감격해야 한다.

> 그때에 너희는 그리스도 밖에 있었고 이스라엘 나라 밖의 사람이라 약속의 언약
> 들에 대하여는 외인이요 세상에서 소망이 없고 하나님도 없는 자이더니 엡 2:12

이 말씀처럼 우리는 과거에 예수 그리스도 밖에 있던 사람들이었다. 약속의 언약들에 대해 외인이었다. 우리는 이런 소망 없던 우리를 불러주신 하나님의 은혜에 감격해야 한다.

그리고 여기에 그치는 것이 아니라, 미래적으로 '부르심의 소망'이 있어야 하는데, 부르심의 소망이 있다는 것은 무슨 뜻인가? 하나님의 부르심에는 반드시 기대할 만한 그 무엇이 있다는 확신을 갖는 것이다.

어떤 목사님의 표현처럼 주님이 우리에게 "수고하고 무거운 짐 진 자들아 다 내게로 오라"(마 11:28)라고 불러주셨을 때, 거기에는 "내가 너희를 쉬게 하리라"라고 하시는 약속의 말씀이 뒤따르게 되어 있음을 확신해야 한다.

나는 미국에서 7년간의 이민생활을 정리하고 한국으로 돌아올 때 물질적인 것, 사업, 시민권 다 내려놓는 결단을 내렸다. 하나님께서 나를 한국으로 되돌아가라고 명하실 때에는 반드시 기대할 만한 그 무엇이 있음을 믿었기 때문이다. 이것이 '부르심의 소망'이다.

그렇게 결단을 내리고 한국으로 되돌아 온 지 27년째이다. 지난

세월을 되돌아보면 역시나 하나님의 신실하심은 나를 실망시키지 않는다는 사실을 확인하게 된다. 이것이 나를 얼마나 감격하게 하는지 모른다. 우리는 이것을 알아야 한다. 우리의 눈이 밝아져 통찰력이 생기면 과거에 나 같은 자를 불러주신 하나님에 대한 은혜와 더불어, 미래에 있을 소망을 기대하며 이 두 가지의 균형을 알게 된다.

기업의 영광의 풍성함을 깨닫는다

둘째로 마음의 눈이 밝아지면 하나님이 주시는 '기업의 영광의 풍성함'을 깨닫게 된다.

> 너희 마음의 눈을 밝히사 … 성도 안에서 그 기업의 영광의 풍성함이 무엇이며
> 엡 1:18

여기 나오는 '기업'은 헬라어로 '클레로노미아'라는 단어인데, 이 단어는 일반적으로 '상속 재산'을 말한다. 바울은 지금 장차 하나님이 주실 상속 재산에 대해 설명하면서 '풍성히'라는 단어를 쓰고 있다. 이것이 중요하다. 이것을 소망하는 것이 신앙생활이라는 것이다.

하나님 능력의 지극히 크심을 알게 된다

셋째로 우리 마음의 눈이 밝아지면 '하나님 능력의 지극히 크심'을 알게 된다.

> 그의 힘의 위력으로 역사하심을 따라 믿는 우리에게 베푸신 능력의 지극히 크심이 어떠한 것을 너희로 알게 하시기를 구하노라 엡 1:19

이처럼 우리 눈이 밝아지면 '부르심의 소망', '기업의 영광의 풍성함', '능력의 지극히 크심', 이 세 가지를 알게 되는데, 유명한 설교가 존 스토트 목사님은 《에베소서 강해》에서 이 부분을 이렇게 설명했다.

"앞부분인 하나님의 부르심이 '처음'을 회고하고 있고, 두 번째 부분인 하나님의 기업이 '끝'을 내다보는 것이라면, 세 번째 나오는 하나님의 능력은 그 사이 기간에 주어지는 것이다."

나는 이 해석이 참 마음에 와 닿았다. 그래서 이것을 가지고 시차적으로 우리가 누릴 수 있는 것을 두 가지로 정리해보았다.

지금 이 순간, 현재에 누려야 할 것

먼저 지금 이 순간에 누려야 할 것은 '하나님 능력의 지극히 크심'이다. 19절을 다시 보자.

그의 힘의 위력으로 역사하심을 따라 믿는 우리에게 베푸신 능력의 지극히 크심
이 어떠한 것을 너희로 알게 하시기를 구하노라 엡 1:19

여기서 바울은 하나님 능력의 위대함을 강조하려고 비슷한 단어
네 개를 반복한다. '힘', '위력', '역사하심', '능력'이 그것이다. 고신
대 길성남 교수님은 이 부분의 원어를 살피면서, '힘'으로 번역한 '이
스퀴스'라는 단어는 '힘을 행사하는 것'을 말하고, '위력'으로 번역한
'크라토스'는 '가는 길 앞에 놓인 장애물을 극복하는 힘'을 설명한다
고 했다. 또 '역사하심'으로 번역한 '에네르게이아'는 '내재된 힘'을
말하고, 마지막으로 '능력'이라고 번역한 '뒤나미스'는 '무언가를 이
루어낼 수 있는 능력'을 가리킬 때 쓰는 단어라고 했다.

그러면서 바울이 이렇게 비슷한 단어를 반복하여 사용하는 것은
그 뜻을 세밀하게 구분하기 위함이 아니라 하나님의 능력이 무한히
크심을 강조하기 위함이라고 했다. 신앙생활하는 우리는 우리 삶
속에서 이 하나님 능력의 강력하심을 경험해야 한다.

우리는 이 시대의 청년들을 3포 세대, 7포 세대, 다포 세대, 88만
원 세대 등으로 부른다. 정말 가슴 아프고 비참한 시대로 규정되어
버렸다. 그런 뉴스를 접할 때마다 '아, 우리 청년들이, 우리 성도들
이 엿새 동안 이렇게 힘들게 고뇌하면서 사는구나'란 생각을 하게
되면서 마음이 무겁다. 하루는 그 아픔이 가슴에 오래도록 남아 마
음이 어려운데, 기독교방송에서 나오는 설교를 듣고 있자니, 너무

뜬구름 잡는 이야기였다. 그러면서 이런 생각을 해보았다.

'실직한 어느 예수 안 믿는 젊은이가 이 설교를 듣는다면, 여기서 희망을 발견할 수 있을까?'

정말 안타깝게도 아닌 것 같았다. 예수 믿으면 복 받는다는 말을 하는데, 그리 와 닿지 않았다. 마음에 두려움이 생겼다. 수많은 젊은이들과 성도들이 매주 주일 교회에 나와 설교를 듣는데, 혹시 내 설교가 실생활에 닿지 않는 뜬구름 잡는 설교인 것은 아닐까 하는 두려움 말이다.

사실 나도 요즘 청년들이 겪는 것과 비슷한 어려움을 많이 겪었다. 20대 초반에 이민은 갔는데 영어를 못하니 취업이 너무 힘들었다. 막노동하는 데 갔다가 일을 못해서 3,4일 만에 잘리는 일이 부지기수였다. 직장에서 쫓겨나 지하철을 타면, 집에 가서 또 쫓겨났다는 말을 할 염치가 없어 이런 절규가 절로 나왔다.

'하나님, 이 지하철이 안 서고 영원히 달리게 해주세요.'

그렇게 엿새를 보내고 주일에 교회를 가면, 어린 마음에 울화통이 터졌다.

'목사님은 온실에서 편안하게 설교 준비하시다 보니 우리 같은 성도들이 주중에 어떤 아픔을 겪는지 전혀 모르시는구나. 우리 성도들의 아픈 삶을 모르시니 저렇게 나와 아무 상관없는 이론만 가지고 떠드는 것 아닌가?'

이런 반발심으로 설교하시는 목사님을 미워했다. 물론 철없던 어린 시절에 가졌던 생각이기에 그 목사님이 주중에 얼마나 열심히 사시는지, 얼마나 열심히 사역하시는지 모르면서 했던 투정이었을 것이다.

그러나 이제 설교자가 된 지금 종종 그 시절 내가 가졌던 울분을 떠올린다. 그러면서 혹시 설교가 설교를 듣는 우리 교회 성도들 특히 청년들에게 이런 분노를 자아내게 하는 설교는 아닌가 하는 두려운 마음이 든다.

내 설교는 항상 여기에서 출발한다. 나는 설교학 교수님에게 A학점 받는 설교보다 우리 성도들이 엿새 동안 겪는 아픔을 헤아리며 실제로 그들을 주님께로 인도하는 설교를 하고 싶다. 그런 아픔을 겪는 성도들에게 복음이 능력이라는 것, 복음은 천국 갈 때 쓰려고 장롱 속에 넣어둔 인감도장 같은 것이 아니라 오늘 바로 꺼내 쓸 수 있는 현찰 같은 것임을 선포하고 싶다.

바로 이것이 바울이 본문에서 말하고 있는 것이다. 지혜와 계시의 성령께서 우리에게 영적인 통찰력을 깨우쳐주시면 하나님의 능력이 오늘 이 시간 내게 역사한다는 사실을 깨닫게 된다.

미래를 향해 소망해야 하는 것

미래를 향해 소망해야 하는 것은, '부르심의 소망'과 '기업의 영광의 풍성함'이다. 그런데 본문을 읽다 보니 중요한 것이 하나 숨겨져 있었다.

너희 마음의 눈을 밝히사 그의 부르심의 소망이 무엇이며 성도 안에서 그 기업의 영광의 풍성함이 무엇이며 그의 힘의 위력으로 역사하심을 따라 믿는 우리에게 베푸신 능력의 지극히 크심이 어떠한 것을 너희로 알게 하시기를 구하노라

엡 1:18,19

'부르심의 소망', '기업의 영광의 풍성함', '능력의 지극히 크심' 중에서 현재 누려야 할 '능력의 지극히 크심'보다 장차 누리게 될 '부르심의 소망'과 '영광의 풍성함'이 먼저 나오는 것을 알 수 있다.

이것이 무엇을 의미하겠는가? 미래를 소망하는 태도가 중요함을 강조하는 것이다. 절망적인 상황 속에서도 미래의 소망을 바라보며 희망을 꿈꾸게 하는 것이 복음이다.

사도행전 7장에 스데반의 순교 과정이 기록되어 있는데, 죽어가면서도 자기를 향해 돌을 던지는 사람들을 축복하는 그의 모습을 보면서 '어떻게 이런 일이 가능할까' 하는 의문이 늘 내게 있었다.

그들이 돌로 스데반을 치니 스데반이 부르짖어 이르되 주 예수여 내 영혼을 받으시옵소서 하고 무릎을 꿇고 크게 불러 이르되 주여 이 죄를 그들에게 돌리지 마옵소서 이 말을 하고 자니라 행 7:59,60

놀라운 태도 아닌가? 어떻게 죽어가는 그 상황에서 저렇게 침착하고 당당할 수 있을까? 나는 이 질문에 대한 답을 사도행전 7장

55,56절에서 찾았다.

> 스데반이 성령 충만하여 하늘을 우러러 주목하여 하나님의 영광과 및 예수께서
> 하나님 우편에 서신 것을 보고 말하되 보라 하늘이 열리고 인자가 하나님 우편에
> 서신 것을 보노라 한대 행 7:55,56

스데반이 죽어가면서도 그렇게 침착하게 자신을 죽이는 원수들을 품고 기도할 수 있었던 것은 죽어가는 그 순간에 하늘의 영광을 보았기 때문이다. 그것이 스데반으로 하여금 죽음을 초월하는 담대한 순교자가 될 수 있게 했다.

여기서 또 한 가지 살펴볼 것이 있다. 스데반의 순교 과정을 기록한 사도행전 7장을 보면 회심하기 이전의 사울과 죽어가면서도 담대했던 스데반의 모습을 의도적으로 대조하고 있다.

> 그들이 큰 소리를 지르며 귀를 막고 일제히 그에게 달려들어 성 밖으로 내치고
> 돌로 칠새 증인들이 옷을 벗어 사울이라 하는 청년의 발 앞에 두니라 행 7:57,58

생각해보라. 지금 사울은 스데반을 죽일 수 있는 힘과 권력을 가진 사람 편에 서 있었고, 이에 반해 스데반은 아무런 힘도 없는 초라한 자리에 서 있었다. 이것이 겉으로 드러나는 표면적인 모습이지만, 그러나 죽음 앞에서조차 당당하고 담대했던 스데반을 보면 그

내면 세계는 정반대였음을 알 수 있다. 우리는 스스로에게 질문을 던져야 한다.

'나는 지금 사울의 모습으로 살아가고 있는가, 아니면 스데반의 모습으로 살아가고 있는가?'

오늘 우리는 어떤 일로 절망에 빠져 있는가? 그 절망에서 우리를 건져 회복시키는 것은 하나님이 예비하신 축복을 바라보는 것밖에 없다. 그러기 위해서는 지혜와 계시의 성령께서 우리의 영안을 열어 주셔야 한다. 영적 통찰력이 임해야 한다. 현재와 미래를 아우르는 하나님의 능력 되시는 하나님의 말씀으로 충만해야 한다. 이 은혜가 우리 모두에게 있기를 간절히 바란다.

IDENTITY

에베소서 1장 20-23절

그의 능력이 그리스도 안에서 역사하사 죽은 자들 가운데서 다시 살리시고 하늘에서 자기의 오른편에 앉히사 모든 통치와 권세와 능력과 주권과 이 세상뿐 아니라 오는 세상에 일컫는 모든 이름 위에 뛰어나게 하시고 또 만물을 그의 발 아래에 복종하게 하시고 그를 만물 위에 교회의 머리로 삼으셨느니라 교회는 그의 몸이니 만물 안에서 만물을 충만하게 하시는 이의 충만함이니라

하나님의 우선순위

우선순위의 위력

모 월간지에서 가정을 소중히 여기는 사람들의 두 사례를 읽은 적이 있다. 그중 하나는 미국의 빌 클린턴 대통령 재임 당시에 노동부 장관을 지냈던 로버트 라이시의 이야기이다. 이분은 어느 날 갑자기 사임을 발표하고 장관직에서 물러났다. 주변의 많은 사람들이 만류했지만 고집을 꺾지 않고 사임했는데, 나중에 《부유한 노예》라는 책에서 장관직을 사임한 이유를 언급했다. 가정을 위해서 그랬다는 것이다. 장관직을 수행할 당시 공무로 바빠서 늘 늦게 귀가하곤 했는데, 어느 날 그의 아들이 이렇게 부탁했다고 한다.

"아빠, 오늘 밤에는 아무리 늦게 들어오셔도 저를 꼭 깨워주세요."

그래서 "왜 그러냐"고 물었더니, 아빠가 집에 계시는지 안 계시는지 확인하고 싶어서라는 것이다. 아들의 말에 충격을 받은 그는 그 일을 계기로 가정을 위해 사임을 결심하게 되었다는 것이다.

비슷한 사례가 또 있다. 세계적인 가수인 셀린 디온이 2000년도에 들어서 모든 가수 활동을 중단하겠다고 선언하는 일이 있었다. 그런 결단을 내린 것은 당시 후두암에 걸려 투병 중인 남편의 병간호를 하기 위해서였다. 이 두 사례 모두 자신이 세운 우선순위에 의한 결단이다.

나는 이 두 사례를 보면서 우선순위를 세우는 것이 중요하다는 생각을 다시 한 번 했다. 모두가 부러워하는 것조차도 이처럼 쉽게 포기하고 내려놓을 수 있는 힘을 가진 것이 우선순위이기 때문이다.

하나님의 우선순위, 복음

나는 본문 말씀을 보면서 '과연 하나님은 어디에 우선순위를 두실까', '성령께서는 어떤 우선순위에 기반해 말씀을 기록하고 계시는가' 생각하게 되었다.

앞에서 우리는 지혜와 계시의 성령께서 우리 마음의 눈을 밝혀주시면 보이게 되는 세 가지가 있다는 것을 살펴보았다. 첫 번째로 부르심의 소망이 무엇인지 알게 되며, 두 번째로 기업의 영광의 풍성함이 무엇인지 알게 되며, 세 번째로 하나님의 능력이 얼마나 크신지를 알게 된다. 이제 바울은 20절에서 하나님의 능력이 지극히 크심이 무엇을 의미하는지 예를 하나 들어 설명하고 있다.

> 그의 능력이 그리스도 안에서 역사하사 죽은 자들 가운데서 다시 살리시고 하늘
> 에서 자기의 오른편에 앉히사 엡 1:20

하나님 능력의 크심을 설명하는 사례로 바울은 예수 그리스도의 죽으심과 부활하심을 들고 있다. 이것은 무엇을 의미하는가? 예수님이 이 땅에 오셔서 행하신 일이 얼마나 많았는가? 무지한 백성을 말씀으로 가르치기도 하셨고, 열두 제자를 길러내기도 하셨으며, 병든 자들을 고치기도 하셨고, 귀신 들린 자를 자유케 하기도 하셨다. 심지어는 죽은 자를 살려내시기까지 했다. 예수님이 공생애 기간 중에 행하신 이 모든 일들이 다 귀하고 소중하다. 그러나 하나님의 우선순위는 예수님이 행하신 그 모든 일보다 예수님의 죽으심과 부활하심에 있었다.

그러고 보면 우리의 초점과 하나님의 초점이 다를 때가 많다. 우리의 초점은 지금 잘 믿어서 부자 되는 것, 지금 잘 믿어서 원하는 꿈을 이루어 내는 것이다. 그런데 하나님의 우선순위는 거기에 있지 않다. 우리의 우선순위와 하나님의 우선순위의 차이는 무엇일까?

예수님이 죽은 지 나흘이나 되는 나사로를 살려주신 사건이 있었다. 당시로는 이것이 얼마나 엄청난 사건이었겠는가? 그런데 생각해보자. 2천 년이 지난 지금에 와서 보니, 예수님이 그렇게 나사로

를 살려주셨는데 조금 더 살다가 다시 죽었다. 눈 먼 장님에게 예수님이 침도 바르고 말씀도 선포하셔서 눈을 뜨게 해주셨는데 잠시 더 눈을 깜빡거리다가 결국엔 영원히 감아버렸다. 예수님이 나사로를 살려주지 않으시고 그대로 두셨거나, 예수님에 의해 다시 살아나서 조금 더 살다가 다시 죽은 것에 무슨 차이가 있는가?

우리에게도 그런데 영원과 영원을 잇는 하나님의 입장에서 나사로가 육신적으로 잠깐 살았다가 다시 죽는 것은 아무 의미가 없다. 그러므로 죽은 나사로가 다시 살아난 사건은 나사로가 다시 조금 더 살게 되었다는 데 초점이 있는 것이 아니라 그 사건을 통해 예수 그리스도께서 하나님의 아들이 되심을 보여주는 데 그 의미가 있었다.

이처럼 하나님의 우선순위는 병든 사람이 고침 받는 것, 장님이 눈을 뜨는 것에 있지 않다. 하나님의 우선순위는 복음이다. 예수 그리스도의 죽으심과 부활하심, 이것을 하나님 능력의 사례로 꼽는 이유가 바로 이것이다.

그렇기 때문에 교회가 건강해지려면 복음의 능력이 나타나야 한다. 복지재단을 몇 개나 세우고, 약한 사람들에게 아무리 많은 돈을 가져다주어도 교회에 복음의 능력이 나타나지 않으면 그것은 교회가 아니다.

그러면 복음은 무엇인가? 이런 맥락에서 본문에 나타난 복음의 두 가지 핵심을 살펴보자.

복음은 하나님의 능력이다

첫째는 '하나님의 능력'으로서의 복음이다. 복음은 곧 하나님의 능력이라는 사실을 기억해야 한다. 능력이 나타나지 않으면 그것은 복음이 아니다. 능력이 나타나지 않으면 그것은 아무것도 아니다. 말장난에 불과하다.

에베소서 1장 20절에서 강조하는 것도 하나님의 능력이다.

그의 능력이 그리스도 안에서 역사하사 죽은 자들 가운데서 다시 살리시고 하늘에서 자기의 오른편에 앉히사 엡 1:20

로마서 1장 16절에도 비슷한 언급이 있다.

내가 복음을 부끄러워하지 아니하노니 이 복음은 모든 믿는 자에게 구원을 주시는 하나님의 능력이 됨이라 롬 1:16

여기서 '부끄럽지 않다'는 표현은 일종의 이중부정으로, 매우 자랑스럽다는 말을 강조하기 위한 표현이다. 바울은 왜 복음을 자랑스럽게 여기는가? 복음은 모든 믿는 자에게 구원을 주시는 하나님의 능력이 되기 때문이라는 것이다. 숭실대 권영경 교수는 이 부분을 이렇게 설명한다.

"복음과 복음 아닌 것을 구분하는 관건은 바로 능력, 곧 힘이다."

여기서 말하는 능력은 구원에 이르게 하는 특별한 힘을 말한다. 그러면서 갈라디아서를 예로 든다.

갈라디아서에서는 '어떻게 의의 소망에 이를 수 있는가'라는 명제를 가지고 두 가지 관점이 갈등을 일으킨다. 하나는 율법으로 의롭게 될 수 있다는 관점이고, 다른 하나는 믿음으로 의롭게 된다는 관점이다. 이 두 관점이 논쟁을 벌이는 게 갈라디아서인데, 그 결론이 어떻게 나는가?

> 그리스도 예수 안에서는 할례나 무할례나 효력이 없으되 사랑으로써 역사하는 믿음뿐이니라 갈 5:6

결국 능력의 문제가 믿음과 할례 사이를 갈라놓는 결정적인 역할을 했다는 것을 강조하고 있지 않은가? 능력이 나타나는 것은 믿음이라는 것이다.

그런가 하면 고린도전서에서는 율법 대신 헬라의 지혜를 대치하여 두 관점을 가지고 설명하는데, 여기서도 관건은 능력의 문제이다. 헬라의 지혜가 아름답고 그럴듯해 보여도 그것은 결국 공허한 말에 지나지 않는다고 했다. 그러면서 이렇게 선포한다.

> 십자가의 도가 멸망하는 자들에게는 미련한 것이요 구원을 받는 우리에게는 하나님의 능력이라 고전 1:18

헬라의 철학과 지식이 아무리 대단해 보여도 실제로 능력을 나타내는 것은 복음이라는 것이다. 24절에서도 이렇게 단언한다.

> 오직 부르심을 받은 자들에게는 유대인이나 헬라인이나 그리스도는 하나님의 능력이요 하나님의 지혜니라 고전 1:24

그러면서 헬라의 지혜나 가치관에 빠져 복음적 삶의 방식을 망각하고 있는 일부 고린도교회 성도들을 향해 바울은 이렇게 경고한다.

> 주께서 허락하시면 내가 너희에게 속히 나아가서 교만한 자들의 말이 아니라 오직 그 능력을 알아보겠으니 하나님의 나라는 말에 있지 아니하고 오직 능력에 있음이라 고전 4:19,20

율법을 이기는 힘도 복음의 능력이요, 헬라의 화려하고 현란한 철학과 지식을 억누를 수 있는 힘도 결국은 복음의 능력이다. 그렇기 때문에 그럴듯한 논리나 말장난이 아니라 복음의 능력을 회복해야 한다. 그래야 복음으로서의 역할을 감당할 수 있다.

우리 삶에 능력이 나타나는가?
이런 점에서 우리는 물어야 한다. 우리 삶에는 복음의 능력이 나타나고 있는가? 복음의 능력이 우리 삶에서 인격적 성숙으로 나타나고 있는가? 어제보다 오늘이 더 예수님의 인격을 닮아가는 성숙으로 드러나고 있는가?

가정 안에서 이런저런 갈등과 문제가 발생할 때 복음의 능력이 나타나서 그 가정을 회복시켜주는 역할을 하고 있는가? 현실적으로 교회가 복음의 능력으로 날로 성숙해져가고 있는가? 직장에서는 또 어떤가? 직장 동료들을 대할 때 그들을 압도할 인격적 성숙으로 이끄는 복음의 능력이 나타나는가?

나는 이런 질문들 앞에서 아픔을 느낀다. 오늘날의 교회들이 이렇게 무기력해져 있는 것은 사람이 모이지 않아서가 아니라, 헬라 철학을 압도하는 복음의 능력이 나타나지 않기 때문이다.

나는 목사로서 늘 이것을 고민한다. 교회를 이곳에 세워 지역 주민들 불편하게 하는 것 말고 과연 어떤 능력을 제공하고 있는가? 예배가 회복되었다고 고백하면서 왜 여전히 그 모양으로 사는가? 삶 속에서 복음의 능력이 나타나지 않으면 전부 다 쇼일 뿐이다. 우리는 지금 교회 안에서 쇼를 하는 데 너무 익숙해져 있다. 눈물 한두 방울 찔끔 흘리면 그게 은혜 받은 것인가? 그것은 감정 자극이지 능력이 아니다.

성경을 많이 읽는 것, 기도회에 나와 열심히 부르짖는 것은 힘쓰기 위해서 밥 먹는 행위이지 그것 자체가 칭찬 받을 일은 아니다. 성경 많이 읽으면 대박이라고 하는데, 성경 많이 읽어서 하나도 안 바꿔면 얼마나 부끄러운 이야기인가? 안 읽어서 안 바뀌면 희망이라도 있다.

'그 사람도 언젠가 성경을 읽으면 변화되겠지.'

그런데 읽어도 변화가 안 되면 그것은 어떻게 해야 하는가? 성경을 찢어서 씹어 먹기라도 해야 하는가?

기도 많이 하는 것, 성경 많이 읽는 것을 두고 자랑하지 말자. 오히려 그러고도 그렇게 사는 걸 부끄러워해야 한다. 우리가 궁극적으로 자랑해야 할 것은 성경 많이 읽는 것도 아니고, 기도 많이 하는 것도 아니다. 그렇게 영적 양식을 많이 먹은 사람답게 복음의 능력을 나타내며 사는 것이다. 우리에게 정말로 복음의 능력이 나타나서 모두 용서의 대가, 사랑의 대가가 되어 복음의 능력을 증거하는 크리스천들이 다 되기를 바란다.

복음은 생명 창조의 능력이다

둘째는 '생명 창조의 능력'으로서의 복음이다. 쉽게 말하면 생명을 살리는 데 쓰이지 않으면 그것은 복음이 아니라는 이야기이다.

본문에서도 "그의 능력이 그리스도 안에서 역사하사 죽은 자들 가운데서 다시 살리시고"라고 피력하고 있지 않은가? 이처럼 하나님의 관심과 능력은 생명을 살리는 데 있다.

마가복음 3장에서 예수님과 바리새인이 대립하는데, 거기에 참 묘한 메시지가 담겨 있다.

예수께서 다시 회당에 들어가시니 한쪽 손 마른 사람이 거기 있는지라 사람들이 예수를 고발하려 하여 안식일에 그 사람을 고치시는가 주시하고 있거늘 예수께서 손 마른 사람에게 이르시되 한가운데에 일어서라 하시고 그들에게 이르시되 안식일에 선을 행하는 것과 악을 행하는 것, 생명을 구하는 것과 죽이는 것, 어느 것이 옳으냐 하시니 그들이 잠잠하거늘 그들의 마음이 완악함을 탄식하사 노하심으로 그들을 둘러 보시고 그 사람에게 이르시되 네 손을 내밀라 하시니 내밀매 그 손이 회복되었더라 바리새인들이 나가서 곧 헤롯당과 함께 어떻게 하여 예수를 죽일까 의논하니라 막 3:1-6

안식일에 병 고쳐주는 문제로 예수님과 바리새인이 대립하고 있는데, 여기서 두 관점의 공통점은 무엇인가? 하나님의 말씀을 잘 지키자는 것 아닌가? 어떻게 해서든 안식일을 잘 지키자는 것이다. 그런데 한쪽은 병 고쳐주고 약자들을 돌보아주는 것이 하나님의 정신이라고 주장하고, 다른 한쪽에서는 아무 일도 하지 않음으로 하나님 명령에 순종해야 한다고 주장한다.

그렇다면 그 중심을 보시는 하나님 입장에서는 예수님이나 바리새인이나 다 같다고 봐주셔야 할 것 아닌가? 그러나 이렇게 생각하면 착각하는 것이다. 왜냐하면 바리새인들의 근본 정신은 하나님의 말씀을 잘 구현하는 데 있는 것이 아니라 무섭게 부상하는 정치적 라이벌인 예수님을 잡아 죽이는 데 있었기 때문이다. 그 일에 하나님의 말씀을 끌어들이고 있는 것이다.

게다가 바리새인들에게는 더 큰 비극이 있었다. 손 마른 장애인이 평생을 고통받고 괴로워하다가 하나님의 능력으로 치유함을 받아 기뻐하고 있는데, 그들은 거기에 관심이 없었다. 급기야는 그 놀라운 예수님의 능력을 가지고 어떤 결론을 맺는가?

"바리새인들이 나가서 곧 헤롯당과 함께 어떻게 하여 예수를 죽일까 의논하니라."

바리새인들의 치명적인 문제는 안식일 성수에 대한 해석을 잘못한 것이 아니다. 근본적으로 바리새인과 예수님의 차이는, 예수님은 다소 오해의 소지가 있더라도 생명을 살리는 데 그 중심을 두셨고, 바리새인들은 모양새는 그럴듯했지만 사람에게는 관심이 없었다. 그들은 자기의 더러운 야망을 이루는 데 하나님의 계명을 동원하고 있었다.

정직하게 생각해보자. 오늘날 교회는 어느 쪽에 가까운가? 예수님 쪽에 가까운가, 바리새인 쪽에 가까운가? 나는 오늘날 교회들이 몇 명이 모이며, 무슨 일을 하는지 등의 행위적인 것들은 중요하게 여기는 데 반해, 생명을 사랑하시는 예수님의 정신에서는 상당히 멀어져 있는 것을 느낀다. 그래서 마음이 아프다.

복음이 작동되는 삶의 현장

복음과 관련하여 우리가 놓치고 있는 것은 두 가지이다. 하나는 복음의 능력이다. 복음의 능력이 잘 안 나타난다. 또 하나 놓치고 있는 것은 복음의 정신이다. 사람을 귀히 여기는 것, 생명을 사랑하는 것, 생명이 회복되는 것을 기뻐하는 모습이 우리에게서 나타나야 한다.

목회를 하다 보면 성도들에게 감동을 받을 때가 많다. 중학생인 우리 교회 순장님의 아들이 화물트럭과 부딪혀서 중상을 입었다. 자녀를 둔 부모라면 이게 얼마나 절망적인 사건인지 잘 알 것이다. 갈비뼈가 다섯 개 부러지고 폐가 손상되어 출혈이 많은 상태로 중환자실로 들어갔는데, 기적 같은 회복이 일어나 퇴원했다.

그런데 그 사건이 있고 시간이 좀 흐른 후에 그 아이 아버지인 순장님에게서 연락이 왔다. 그때 트럭을 몰며 사고를 냈던 청년이 지금 분당우리교회에 출석하고 있으니 그 청년을 만나서 기도해달라는 것이었다. 그 사이에 무슨 일이 일어난 걸까? 그 순장님이 보낸 메일 일부를 소개하려고 한다.

사고를 낸 그 청년과의 첫 만남은 분당재생병원 응급실, 생사를 넘나드는 그 현장에서 처음 만났을 때 마음 한구석에는 원망과 분노가 일고 있었습니다. … 발만 동동 구르며 저 아이를 살려주신다면, 제 목숨과 바꿀 수만 있다면 그렇게 해달라고 기도하던 중 갑자기 다윗이 사경을 헤매던 자식을 위해 금식하며 엎드려 기도하던 말씀이 생각나더군요. 그때부터 제 기도는 하나님의 뜻이 어디 있는지를 구하게 되었고, "모든 것을 하나님의 뜻에 따르겠습니다"라는 기도로 바뀌게 되었어요. 그러면서 마음에 평안이 찾아오더군요. 그런 이후 사고를 낸 그 청년이 하나도 원망스럽지도 화가 나지도 않더라고요. 오히려 그에게 너무 염려 말고 우리 아이를 위해 기도해달라는 부탁과 함께 그를 위로하게 되었습니다.

그 절망적인 사건을 접한 아버지가 처음에는 당연히 본능에 따라 놀라고, 당황하고, 가해자에게 원망과 분노의 눈빛을 보냈지만, 이내 그 마음에 복음이 작동되기 시작했다. 그 내면에서 작동되는 복음의 능력이 마음에 평정심을 가져다주었을 뿐 아니라 가해자에 대한 원망과 분노가 변하여 오히려 그를 따뜻하게 위로해주는 여유를 가져다준 것이다.

짐작하건대 사고를 내고 두려워하던 그 청년에게 건넨 따뜻한 위로의 한 마디가 그 청년의 발걸음을 교회로 옮기게 했을 것이다. 이런 성도들을 많이 만나게 하신 하나님께 감사하다. 그리고 이런 성숙한 성도들이 더욱 많아지기를 기도한다.

그야말로 우리의 실제 삶의 현장에서 복음의 능력과 복음의 정신이 많이 살아나게 되기를, 복음이 작동되어 능력으로 역사하는 삶의 현장이 되기를 바라고 또 바란다.

아이덴티티 : 예수 안에 있는 자

초판 1쇄 발행   2017년 3월 6일
초판 12쇄 발행   2022년 7월 20일

지은이   이찬수

펴낸이   여진구
책임편집   이영주
편집   정선경 최현수 안수경 김도연 김아진 정아혜
책임디자인   마영애 | 노지현 조은혜
홍보 · 외서   진효지
마케팅   김상순 강성민 허병용   마케팅지원   최영배 정나영
제작   조영석 정도봉   경영지원   김혜경 김경희 이지수

303비전성경암송학교 유니게과정   박정숙 최경식
이슬비전도학교 / 303비전성경암송학교 / 303비전꿈나무장학회

펴낸곳   규장

주소   06770 서울시 서초구 매헌로 16길 20(양재2동) 규장선교센터
전화   02)578-0003   팩스 02)578-7332
이메일   kyujang0691@gmail.com   홈페이지 www.kyujang.com
페이스북   facebook.com/kyujangbook   인스타그램 instagram.com/kyujang_com
카카오스토리 story.kakao.com/kyujangbook
등록일   1978.8.14. 제1-22

ⓒ 저자와의 협약 아래 인지는 생략되었습니다.
이 출판물은 저작권법에 의해 보호를 받는 저작물이므로 무단 전재와 무단 복제를 할 수 없습니다.

책값   뒤표지에 있습니다.
ISBN 978-89-6097-486-9   03230

이 도서의 국립중앙도서관 출판시도서목록(CIP)은 서지정보유통지원시스템 홈페이지(http://seoji.nl.go.kr)와
국가자료종합목록구축시스템(http://www.nl.go.kr/kolisnet)에서 이용하실 수 있습니다.
(CIP제어번호 : CIP2017005612)

규 | 장 | 수 | 칙

1. 기도로 기획하고 기도로 제작한다.
2. 오직 그리스도의 성품을 사모하는 독자가 원하고 필요로 하는 책만을 출판한다.
3. 한 활자 한 문장에 온 정성을 쏟는다.
4. 성실과 정확을 생명으로 삼고 일한다.
5. 긍정적이며 적극적인 신앙과 신행일치에의 안내자의 사명을 다한다.
6. 충고와 조언을 항상 감사로 경청한다.
7. 지상목표는 문서선교에 있다.

하나님을 사랑하는 자 곧 그의 뜻대로 부르심을 입은 자들에게는 모든 것이 合力하여 善을 이루느니라(롬 8:28)

Member of the
Evangelical Christian
Publishers Association

규장은 문서를 통해 복음전파와 신앙교육에 주력하는 국제적 출판사들의
협의체인 복음주의출판협회(E.C.P.A:Evangelical Christian Publishers
Association)의 출판정신에 동참하는 회원(Associate Member)입니다.